ብሜላ ምንባር

ኣብዚ ፈታኒ እዋን ጭንቀትና ብኸመይ ነወግድ

ሳይኮሎጂ

ሳልሳይ ሕታም

ብሮቤል ኪዳነ

ተመሳሳሊ ቀዳማይ ሕታም ብቋንቋ ሽወደን 2000
ቀዳማይ ሕታም ብቋንቋ ትግርኛ 2001
ዳግማይ ሕታም ብቋንቋ ትግርኛ 2002
ሳልሳይ ሕታም ብቋንቋ ትግርኛ 2022

Driving licence of life ኣብ ቐረባ እዋን

መሰል ጸሓፊ ብሕጊ ሕልው እዩ።
ትሕዝቶ እዛ መጽሓፍ ብኽፊል ይኩን ብምሉእ፡ ብዘይ ሙሉእ ፍቓድ ጸሓፊ ብዝኾነ መልክዕ ማለት ብኤሌክትሮኒካዊ፡ መካኒካውን ካልእን ቀዲሕካ ወይ ኣራቢሕካ ምጥቃም ኣይፍቀድን።

ንዝኾነ ርኢቶ ይኹን ሃናጺ ሓበሬታ ምስ ዝህልወኩም
በዚ ኢመይል@ **robelwisdom22@gmail.com**
ክትልእኩልና ብትሕትና ንሓትት።

Layout and Cover Design
by Luwam Mebrahtu

ምስጋና

እዛ መጽሓፍ እዚኣ ነቶም ኣብ ዝተፈላለዩ ክፋላት ናይ ዓለምና ዑደት ኣብ ዝገበርኩሉ ኣጋጣሚታት (ሰሜን ኣመሪካ ብፍላይ ኣብ ዲሲ፡ ስያትል፡ ኦክላንድ ከምኡ'ውን ኣብ ካናዳ ቶሮንቶን ካልጋሪን ካልኦት ክፋላት ዓለምና ኢንግላንድ፡ ጀርመን፡ ስዊዘርላንድ፡ ነርወይ፡ ስዊድን፡ ዳንማርክ፡ ህንዲ፡ ኩዌት፡ ቻይና፡ ሱዕዲ ዓረብ፡ ሱዳን፡ ኢትዮጵያ፡ ሩዋንዳ፡ ግብጺ፡ ኡጋንዳ፡ ታንዛንያ፡ ኮንጎን ደቡብ ኣፍሪቃን . . . ወዘተ)፡ ትርከቡ ህዝቢ ብዝገበርኩምለይ ምትሕብባርን ድሙቕ ኣቐባብላን ንምስጋና ንዓኹም ትኹነለይ። ብዘይ ናትኩም ሃናጺ ምኽርን ኣገዳስነታን ተረዲእኩም ንሳልሳይ ግዜኣ ንከሕትማ ዝደፋፍኣክሙንን ዘተባባዕኩምንን ንስኹም ኢኹም እሞ፡ እንሆ ከምታ ምንየትኩም ኮይናስ ፡ ንሳልሳይ ግዜ ኣሕቲመ ናባኩም የብላ።

ብፍሉይ ድማ ን ሳልሳይ ሕታም ብቅዕቲ ኮይና ክትሕተም ዝገበረ ቢንያም መብራህቱ ከየመስገንኩ ክሓልፍ ኣይደልን። ከምኡ ውን ኣብ ለያውት ምግባር ዓቢ ኣበርክቶ ዝገበረት ልዋም መብራህቱ ከመስግና ይፈቱ።

- **ደረጃ ምዕባለ ወዲ-ሰብ ብኣተሓሳስባኡ ኢዩ ዝምዘን።**
- **ኣታሓሳስባና ንዓና ስለ ዝኾነ ከነማዕብሎ፡ ቃላትና ኸኣ ንኣካባቢና ስለ ዝኾነ ክንጥንቀቐሉ ይግባእ።**

ደራሲ

ትሕዝቶ ገጽ

ቀዳማይ ምዕራፍ
ግጭት

ካልኣይ ምዕራፍ
ጸቕጢ(stress)

ሳልሳይ ምዕራፍ
ባህሪ-ጸቕጢ

ራብዓይ ምዕራፍ
ርእሰ ተእማንነት

ሓምሻይ ምዕራፍ
ባህርያዊ ሓይሊ

ሻድሻይ ምዕራፍ
ዝምድና

ሻብዓይ ምዕራፍ
ስነ-ጥበብ ሓጐስን ናይ ምሕጎስ መሰልን

ሻምናይ ምዕራፍ
ሃናጺ ምኽሪ

መቕድም

ኣብዛ ንምንባራ ከባድ ዓለም፡ ጸቕጥን ውጥረትን መናብርትን ብጻይን ናይ ደቂ-ሰብ ኮይኑ ይርከብ። ብሰንኪ ስራሕ፡ ናብራ፡ ስድራ ቤት፡ ኣዕሩኽ፡ ሕማም፡ ስንክልናን… ወዘተ፡ ንዝፈጠሮ ጸቕጢ ንዕቑር ናይ ምንባር ሓይልና ጸንቂቑ ስነ-ኣእምራውን ኣካላውን ሚዛንና ክንስሕት ንግደድ። ከምቲ ንመብዛሕትና ዝመስለና፡ ጻዕቂ ስራሕ ጥራሕ ኣይኮነን ስነ-ኣእምራዊ ጸቕጢ ዝፈጠረልና፡ ስእነት ስራሕን ምስልካይ'ውን እንተኾነ ናይ ገዛእ ርእሱ ጸቕጢ ኣለዎ። ሰባት፡ ግዚያዊ ዕረፍቲ ዝህብ ግን ንኹነታቶም ዘጋድድ ከም ኒኮቲንን ኣልኮልን ብምውሳድ ካብ ጸቕጢ ነጻ ክኾኑ ይፍትኑ፡ እዚ ግን ቅኑዕ ምርጫ ኣይኮነን። መጽሓፍ ብሜላ ምንባር፡ ንጹርን ግብራውን ኣገባብ ኣተኣላልያ ጸቕጥን ዝተፈላለየ ስነ-ኣእምራዊ ግርጭትን ብምቕራብ፡ ንማሕለኻታት ህይወት ዘሰግር ሃናጺ ምኽርን ንዝምድናን ብዝምልከት ዕውት ርኽባት ብኸመይ ይምስረት እተብርህ ናይ ስነ- ኣእምራዊ መጽሓፍ ኢያ።

ትሕዝቶ'ዛ መጽሓፍ ብብዙሓት ምሁራት ምሉእ ተቀባልነት ዝረኸበ ኮይኑ፡ ኣብ ዝተፈላለየ ከተማታት ኤውሮጳን ውሽጢ ሃገርን ብመልክዕ ሰሚናራት ንዝተፈላለዩ ምሁራት ቀሪቡ ልዑል ኣድናቖትን ተቐባልነትን ዝረኸበ'ዩ። ነዚ ናይ ኣተሓሳስባን ኣረዳድኣን ለውጢ ብምትእትታው ዘዕግብ ህይወት ንኽህልወና ዘኽእል ሜላ ኩሉ ሰብ ክውንኖ ሰናይ ድሌት ጸሓፊ እዩ።

መብርሂ

ቅድሚ ምንባብ ምሉእ ትሕዝቶ እዛ መጽሓፍ ኣቐዲመ ነቲ ኣብ ኣጸሓሕፋ ተጠቒመሉ ዘለኹ ንጾታ ዝምልከት ኣመለኻኽታ መብርሂ ክህብ እደሊ። ትሕዝቶ እዛ መጽሓፍ ንኽልቲኡ ጾታ ማለት ተባዕታይን ኣንስታይን ጾታ ብማዕረ ዝምልኸት ኮይኑ፣ ኣብ ኣጸሓሕፍኡ ግን ንምቅላል ስራሕ ተባሂሉ መብዛሕትኡ ናይ ተባዕታይ ጾታ ቃና ሒዙ ቀሪቡ ስለ ዘሎ ንተባዕታይ ጥራሕ ድዩ ዝምልከት ዝብል ግጉይ ርድኢት ንኸይሓድረና እናኣዘኻኸርኩ ኩሉ ኣበሃህላይ ተባዕታይን ኣንስታይን ኢሉ ዘይፈሊ፣ ባህርይን ኣመለኻኽታን ሰብ ኣብ ግምት ዘእተወ፣ እቲ ንተባዕታይ ጾታ ዝጠቅስ ዝመስል ድማ ብሓፈሻኡ ንሰብ ኢዩ ዘመልክት።

መእተዊ

ኣብ'ዚ ዓለምና ብቴክኖሎጂ እናማዕበለትን እናጸበበትን እትመጻሉ ዘላ እዋን ማሕበራዊ መነባብሮ ደቂ-ሰብ ንለውጢ ክለምድን ክብድህን ኣብ ቀጻሊ ቃልሲ ስለ ዝርከብ፡ እታ ብሰፍሓታን ግዝፍን ምስ ግዜ ዘይትልወጥ ኣእምሮ ዝቖርበላ ጠለባት ክተማልእ ኲሉ ግዜ ኣብ ትሕቲ ጸቕጢ ዝበዝሖ ሓሳብ ትነብር። ኣብተን ዝማዕበላ ሃገራት ኣከባብያዊ ጽልዋ ዘማዕበሎ ስነ-ኣእምራዊ ጸቕጢ እቲ ብቀሊሉ ዘይፍወስ ሕማም ኮይኑ ኣሎ። ድሮ ኣብ ዝተገብረ መጽናዕትታት መበቆል ግጭት፡ ብስጭትን ዝተፈላለዩ ሕማማትን ስነ-ኣእምራዊ ጸቕጢ ምዃኑ ብንጹር ክፍለጥ ተካኢሉ ኣሎ። ስነ-ኣእምራዊ ረጽሚ መብዛሕትኡ ግዜ ብሰንኪ ግጉይ ኣተሓሳስባን ርድኢትን ደቂ-ሰብ ዝምዕብል ስለ ዝኾነ ንክውንነት ብሜላ ገጢምካ ምንባር እቲ ዝበለጸ ኣማራጺ ኢዩ። ስለዚ ዕዉት ህይወት..... ሕጉስ ናብራ ብኸመይ? ንዝብል ሕቶ ብሜላ ምንባር'ዩ እቲ መልሲ።

ኣብዚ ሕጂ እዋን ሰባት ብዛዕባ ዘለዎም ጸገም ክሕተቱ ከለዉ ዝህብዎ መልሲ ጠምየ፡ ዓሪቀ ዘይኮነ ቅሳነት ስኢነ፡ ይበሳጮ፡ ይሓርቕ፡ ዝምድናይ ዘሐጉስ ኣይኮነን.... ወዘተ ኢዩ። እዚ ድማ መብዛሕትኡ ብሰንኪ ግጉይ ርድኢትን ኣተሓሳስባን ብዛዕባ ነገራት ዝምዕብል ስለ ዝኾነ እቲ እንኮ ኣማራጺ ኣተሓሳስባና ብምምዕባል ንህይወት ብሜላ ገጢምካ ምንባር ኢዩ። ቀንዲ ዕላማ ናይዛ መጽሓፍ ድማ ነዚ ተመክሮ'ዚ ንምክፋል እዩ።

ሮቤል ኪዳነ

ቀዳማይ ምዕራፍ
ግጭት

ግጭትን ኣፈታትሕኡን

ግጭት ከም ቃል ብመብዛሕትና ቅብልቲ ኣይኮነትን። ግጭት ግን ባህርያዊ ኣካል ናይ ምስ ካልእ ሰብ እንፈጥሮ ዝምድና'ዩ። ዋላ'ኳ ግጭት ዘፍርሓና እንተኾነ፡ ግጭት ሓደገኛ ኣይኮነን። ምኽንያቱ ኣካል መስርሕ ምቅርራብ ስለ ዝኾነ። መስርሕ ምቅርራብ ድማ ምልምማድን እምነትን ይሃንጽን። ግጭት ንጉድለታትና መኣዝን ዕብየትናን ስለ ዝትንክፍ፡ ክፉታት ኮይና ንኽንዓቢ ይድርኸና።

7 ነጥብታት ንምርዳእን ምፍታሕን ግጭት

1.ግጭት ልክዕ ከም ምትንፋስ'ዩ። ብዘይ ብእኡ ምቅርራብ የለን።
2.ህልው ጸገም/ሽግር ኣብ እዋን ግጭት እቲ ናይ በሓቂ ሽግር ኣይኮነን። ኣብ ዝሓለፈ ሽግር ወይ ጸገም ተወሲንካ ምትራፍ፡ ካብ ነብስኻን ካልኦትን ብምፍላይ ፍታሕ ኣየምጽእን።
3.ግጭት ንምፍታሕ፡ መዋስኢ ዉሑስ ቦታ የድሊ። መዋስኢ ዉሑስ ቦታ ማለት ነጻ ኮይንካ ስሚዕትካ ትገልጸሉ ሃዋህው ማለት'ዩ። ስምዒትካ ምስ ትገልጽ ግብረ መልሲ ትረክብ፡ እዚ ድማ ናብ ፍታሕ የምርሕ።
4.ግጭት ኩሉ ግዜ ምስ ምቅርራብ ዝተተሓዘ እዩ። ክትቀራረብ ምስ እትደሊ፡ ኣቓልቦ ዝስሕብ ነገር ሃሰው ትብል። ከም ሰብ መጠን ኣቓልቦ
ንምርካብ ኣሉታዊ ነጥብታት ኢኻ ተናዪ፡ እዚ ድማ ኣብ ናይ ሓባር ስምዒታትን ቃንዛን ዝምርኮስ ኢዩ።
5.ለውጢ ኩሉ ግዜ ኣብ ጫፍ ናይ ምቹእ ኩነታት ኢዩ ዝርአ። ምቹእ ኩነታት

ከም ካብ ሕማም ምሕዋይ፣ ቅሳነት ምርካብ፣ ዕረፍቲ ምርካብ.... ወዘተ የመልክት። ንክንዓብን ንክንመሃርን ካብዚ ጫፍ ክንስጉም ኣለና።

6.እትጻወሮ ነገር ኣይሃስስን ኢዩ። ግጭት ናይ ግድን ፍታሕ ክርከበሉ ኣለዎ። ይቐልጥፍ ይደንጉ ሱርን መንቀልን ግጭት ተጸኒዑ መዕለቢ ክርከብ ኣለዎ።

7.ኣብ ግጭት ሚእቲ ካብ ሚእቲ ክትህሉ/ክትርከብ ኣለካ። ምርካብ ብኣካል ጥራሕ ዘይኮነ፣ ስምዒትን ኣእምሮን ክሕወሶ ኣለዎ። ንስሚዒታትካ፣ ኣከባቢኻን፣ ግብረ መልስታትካን ግሉጽ ምኳን ብኣድማዒ ተራ ኣብ ምፍታሕ ግጭት የሳትፍ።

ግርጨት ንዓኻን ንከባቢኻን ይጸሉ

ብሰንኪ ግጉይ ርድኢትን ብሂልን ዝምድና፡ ዝምዕብል ግጭት

ሓደ ካብ'ቲ ዓቢ ምኽንያት ሰባት ጥዑይ ዝምድና ከለዎም ዝምድነኦም ዝላሕለሐ ወይ ዘብቀዐ ኮይኑ ዝስምዖም፡ ኣብ ዝምድንኦም ምስ መጻምድቶም "ሓደ ስሩዕ ኣገባብ ክንክተል ኣለና፡ ዝምድናና ሓደ ዓይነት መምዘኒ ብቕዓት ክህልዎ ኣለዎ" ኢሎም ስለ ዝሓስቡን ዝጭነቁን'ዩ። ከምዚኦም ዓይነት ሕግታትን መለክዒ ዝምድናን ኣብ ገጽ ዋጋ ዘለዎም፡ ከተድምጾም ጽቡቓት ኮይኖም እቲ ሰብ ድማ ባዕሉ ብባህሪ ነዞም ሕግታት ምስ ዘይክተል ኣብ ጸገም ኣለኹ ኢሉ ይሓስብ። ከም'ዚ ዓይነት ኣተሓሳስባን ኣመለኻኽታን ምናልባት ካብ ክኸውን ኔርዎ ዝብል ድሌት ዝምንጭው ክኸውን ይኽእል። ግን ክኸውን ይግባእ፡ ኔርዎ፡ ዝበሃል ምስ ስምዒታት ፍቕሪ ብግብሪ ዝጓዓዝ ኣይኮነን። ብግብሪ ክርአ ከሎ፡ ከምዚኦም ዓይነት ሕግታት፡ ኣብ'ቲ ክንኮኖ እንደልዮ ዝተሰረቱ'ዮም።

ወዲ ሰብ ብማሕበራዊ ህይወት ተኸቢቡ ስለ ዝዓቢ፡ ብባህሊ፡ ልምዲ፡ ስነ-ምግባር.... ወዘተ ናይ ዝውክሎ ሕብረተሰብ፡ ምስኡ የዐቢ። ዘይስሩዕ ትምህርቲ፡ ማህበራዊ ህይወት፡ ብፍላይ ኣብ ንሓዳር ዝምልከት ዝምድና ኣብ ውሽጢ ሰባት ዘስረጾ ደርጃታት መዐቀኒ ፍቕሪ፡ ክብሪ፡ መሰል፡ ግዴታን ካልእን ኣሎ። ሰባት ኣብ ባህሎምን ልምዶምን ተመርኲሶም ንዘለዎም ብሕትኣዊ ዝምድና ብዝተፈላለየ ኣበሃህላታት ክመዝንዎ ይፍትኑ። ንዝምድና ዝምልከቱ ብዙሓት ኣበሃህላታት፡ ኣብ ሕብረተሰብ ብትምህርቲ፡ እምነትን ግብርን፡ ሰባት ይለማመድዎም። ግን ብዙሓት ካብቶም ኣበሃህላታት ኣብ ክውንነት ተመርኲስካ ምስ እትፍትኖም ዝሰርሑ ኣይኮኑን።

ብኣበሃህላታት ዝምራሕ ዝምድና፡ ሓጉስን ፍቕርን ዝጉደሎ፡ ገዛእን ተገዛእን ዘለዎ ወይ'ውን ኣብ ምፍልላይ'ዩ ዝምርሕ። ስለ'ዚ ዝምድና ዝሃሲዩ ቢሂላት ሳዕቤናም ተጸኒዑ ክእለዩ ይግባእ። ኣብዚ ዝስዕብ ክፋል ናይ'ዚ ጽሑፍ ንሓደ ሓደ ካብ ዝምድና ዘሐርፍፉ ግጉያት ብሂላት ክንምልከት ኢና። ብዙሓት ካብዞም ዝስዕቡ ብሂላት ቅኑዓት ከም ዘይኮኑ ንኣምን ንኸውን ግን ከነቋርጾም የሸግሩና ይኾኑ። ክፍለጥ ዘለዎ ግን ግርጭት ዘይብሉ ጥዑይ ዝምድና ምስ እንደሊ፡ ቅኑዕ ኣተሓሳስባ ክህልወና ይግባእ። እዚ ማለት ድማ ንነብስና ካብ

ግጉይ ኣተሓሳስባ ምውጻእ፡ ውሽጥና ምጽራይ ማለት'ዩ። ምኽንያቱ ውሽጥና ምስ እንጸርን እንነጽሕን ጥራሕ ኢና። ቅኑዕ ኣተሓሳስባን ሕልናን ንኣከባቢናን ክነንጸባርቕ እንኽእል። እዚ ኣብ'ቲ ግጉይ ሓበሬታ ናይ ግጉይ ዉሳኔ ይመርሕ፡ ግጉይ ዉሳኔ ድማ ዘይተደለየ ውጽኢት ይሀብ ዝብል ሓቂ ዝተሰረተ'ዩ። ስለዚ ንስለ ፍቕርን ጥዑይ ዝምድናን፡ ግጉያት ኣበሃህላታት ነወግድ። ገለ ካብ ግጉያት ብሂላት ፦

1ይ <u>ግጉይ ብሂል፡</u>

"ዘተኣማምን ጥዑይ ዝምድና፡ ኣብ ምርኻብ ድልየት ናይ ክልተ ኣእምሮ ይስረት" እዚ ኣበሃህላ'ዚ ብመሰረቱ ግጉይ'ዩ። ምኽንያቱ ንስኻ ንነገራት ብዓይኒ መጻምድትኻ ኣይኮንካን ትጥምቶ። መጻምድትኻ ስለምንታይ ንዓለምን ተፈጥሮን ብናቱ ኣረዳድኣ የድንቕን ይጥምትን ምሉእ ብምሉእ ክርድኣካ ኣይክእልን'ዩ። ምኽንያቱ ንስኻን ብጻይካን ክልተ ዝተፈላለዩ ሰባት ስለ ዝኾንኩም።

ንስኻ ብጀነቲካዊ(ተወርሳዊ)፡ ኣካላዊ፡ ስነ-ኣእምሮኣዊን ታሪኻውን ኣቃውማኻ ካብ ናይ መጻምድትኻ ፍሉይ ኢኻ። ካብ ዓለም ዝወረስካዮ ዝተፈልየ ልምዲ፡ ዝተፈልየ ታሪኽ፡ ትምህርቲ፡ ዝተፈልየ ቀዳምነታት፡ ዝተፈልየ ክብሪ ንነገራት ብዝተፈልየ መንገዲ ኣለካ።

ንነገራት ብዓይኒ መጻምድትኻ ምርኣይ ተባሂሉ ኣብ ወረቐት ክጸሓፍ ቀሊል'ዩ። ንምትግባሩ ግን ዝከኣል ኣይኮነን። ሃይማኖታዊ ስብከት ንኣሰብኡት ረቐቕቲ ብመጠኑ ስምዒታውያን ንኣንስቲ ድማ ቀጥታዊ ስምዒተን ዘይገልጻ መስተውዓልቲ ክኾና ይደሊ። ግን እቲ ሓቂ ኣይልወጥን'ዩ። ሰብኣይ ሰብኣይ'ዩ ሰበይቲ ድማ ሰበይቲ'ያ። ነዚ ክቕይር ዝኽእል ሓኪም የለን። ሰብ ይኹን ካልእ እንስሳ ናይ ተፈጥሮ ባህሪ ስለ ዘለዎ፡ ኣብ ትሕቲ ጸቕጢ ሓቀኛ ተፈጥሮኣዊ ባህሪኡ ከንጸባርቕ ናይ ግድን'ዩ። ንኣብነት ኣብ ሓደ መካነ እንስሳ፡ ነብሪ ሰብ በሊዑ እንተሰማዕካስ ይገርመካዶ? ኣይገርምን'ዩ፡ ምኽንያቱ፡ እቲ ነብሪ ብተፈጥርኡ ከምኡ ባህሪ ኣለዎ፡ ሰብ ግን ኣብ ትሕቲ ቁጽጽሩ ኣውዒሉ ብምልምማድ ሓድሽ ኣርተፍሻል ባህሪ ኣልቢስዎ ጸኒሑ፡ ኣብ ተወርሰኣዊ መሰርሕ ዘሎ ባህሪኡ ግን ሰብ ከም ዝበልዕ ጌርዎ፡ ስለ'ዚ ንዕኡ ንቡር ባህሪ'ዩ። ሰብ ድማ ከምኡ ብምልምማድ ደኣ ኣብ ፍቕሪ ይቀረን'ምበር ናቱ ባህሪ ኣለዎ። ኣብ ዝምድና እቲ ዝበለጸ፡ ንፍልልያት ካብ ከም ጠንቂ ግርጭት እንርድኦም ክንቅበሎም ከለና እዩ።

ብኣንጻር እቲ ግጉይ ብሂል፡ ዘተኣማምን ሓጉስ ዝመልእ ዝምድና ዝርከብ፡ ንህይወትካ ዘሀብትም መጻምድቲ ምስ እትረክብ'ዩ፡ ንድሌትካን ምስልኻን ዘንጸባርቕ ምስ እትረክብ ኣይኮነን። ዘሀብትም ክበሃል ከሎ፡ ብገንዘብ ዘይኮነ ብኣተሓሳስባ'ዩ።

2ይ ግጉይ ብሂል፡

"ድልዱል ዝምድና ኣብ ብርቱዕ ፍቕሪ ዝተሰረተ'ዩ" ብርቱዕ ፍቕሪ ደኣ መለለዪ ድልዱል ዝምድና'ዶ ኣይኮነን? ከመይ ጌሩ ግጉይ ብሂል ክኸውን ይኽእል? ኢልካ'ዶ ንነብስኻ ሓቲትካያ? እዚ ኣበሃህላ እዚ'ውን ቅኑዕ ኣይኮነን። ከም'ዚ ክበሃል ከሎ ግን፡ ድልዱል ዝምድና ፍቕሪ ዘይብሉ ማለት ኣይኮነን። ፍቕርን ምክብባርን መሰረት ኣወንታዊ ዝምድና'ዩ። እቲ ትጽቢት ግን ካብ ዝምድናኻ ብስነ-ሓሳብ ጥራሕ ዝብጻሕ፡ ምስ ክውንነት ዘይሳነ ፍቕሪ ንኽትረክብ ክኸውን የብሉን። ልክዕ'ዩ፡ ምስ መጻምድትኻ ዝምድናኻ ዘደልድል ፍቕሪ ክትሃንጽ፡ ከምቲ ኣብ ፈለማ ዝነበረካ ሓያል ፍቕሪ ንኽህልወካ ጻዕሪ የድሊ። ኣብ ትሕቲ ካብ ደቅኻ ፍልይ ኢልካ፡ ንመጻምድትኻ ስምዒቱ ምድህሳስን ምርዳእን መለለዩ ጥዑይ ዝምድና'ዩ።

ኣብ ውሽጢ ፍቕሪ ምንባር ማለት ግን ካብ ናብ ፍቕሪ ምእታው ከም ዝፍለ ኣስተውዕል። ብዙሓት ሰባት ከምዚ ኢሎም ይሓስቡን ይዛረቡን። "ኣነ ኣብ ፍቕሪ ዘለኹ ኮይነ ኣይስመዓንን"። እዚ ስምዒት'ዚ ዝምድንኦም ብሰንኪ ግጉይ ኣተሓሳስብኦም ይሕርፍፍ ምህላዉ'ዩ ዘጉልሕ። ኣበሃህልኦም ብዕምቀት ምስ ዝምርመር፡ ትርጉም ከምቲ ኣብ መጀመርያ ክንራኸብ ዝነበረ ፍቕሪ ኣይረኸብኩን'ዩ። እዚ ግን ነቲ ናብ ፍቕሪ ምእታውን ኣብ ውሽጢ ፍቕሪ ምንባርን ዘሎ ፍልልይ ካብ ዘይምርዳእ ኢዩ ዝምንጩ። እዚ ግን፡ ሓደ ካብ'ቲ ብዙሕ ሰብ ዝጥቀመሉ ግጉይ መዐቀኒ ዝምድና'ዩ። ብዙሓት ሰባት ቅኑዕ ዝኾነ መረዳእታ ፍቕሪ የብሎምን።

ብሰንኪ ለውጢ ሓደ ሓደ ስምዒታት፡ ዝምድናና ዘየተባባዕ ኮይኑ ምባል ቅኑዕ ኣይኮነን። ናብ ፍቕሪ ምእታው ፍሉይ ተመክሮ ህይወት'ዩ። ድሌትካ ዘማልእ ብጻይ፡ ጎዲልካ ዝነበረ ነገር ምምላእ ስለ ዝኾነ፡ ኩሉ ድሌትካ ሓሳብካ ንሱ ስለ ዝኾነ ንኹሉ ሕጸረታትካን ድኹም ጎንኻን ከተወግድ፡ ሕልንኣዊ ቃል ትኣቱ፡ ሕድገታት ትገብር፡ ጽምዋ ኣብቂዑ'ዩ! ትብል። ምኽንያቱ ኣብ እዋን

ድቃስ ሽግርካ ተካፍሎ፡ ናይ ውሽጥኻ ኩሉ ትዛረቦ ሰብ ስለ ዝረኸብካ። ንሓደስቲ ፍቑራት ብዛዕባ መጻኢ ህይወቶም ምስ እትሓቶም፡ ፍቕሪ ንኹሉ ኣብ መጻኢ ህይወቶም ዘጋጥም ዕንቅፋታት ከም ዘሰግሮም ጌሮም ስለ ዝሓስቡ ዝምድንኦም መወዳድርቲ ኣልቦ ጌሮም ኢዮም ዘቕርብዎ። ኣብ ግብሪ ምስ ዝርአ ግን መብዛሕትኦም ዝፋትሑ ሰብ ሓዳር ብፍቕሪ'ዮም ዝመርዓዉ። ፍቕሪ ብፍላይ ኣብ ምጅማር ብዘለዎ ባህርይ ብቀሊሉ ዘይሃስስ ተዘክሮታት'ኳ እንተሃለዎ፡ ስምዒታት ሰባት ምስ ዕድመን ግዜን ስለ ዝለዋወጥ፡ መጻምድተይ ከምቲ ናይ መፈለምታ ግዜ ኣይለገሰለይን'ዩ ዘሎ ኢልካ ዝምድናኻ ምሕርፋፍ ብመሰረቱ ጌጋ'ዩ። ፍቕራዊ ህይወት ደረጃታት ኣለዎ፡ ምስ ደረጃታቱ ምስ ትጓዓዝ ድማ ብዝበለጸ ተስተማቕሮ።

ኣብዛ ብኸውንነት እትርጉም ዓለም ሓቀኛ ፍቕሪ ወይ ብርቱዕ ፍቕሪ ማለት፡ ሓድሕዳዊ ምትሕልላይ፡ ኩነታትን ደሃይን ብጻይካ ብቐጻሊ ምፍላጥ፡ ጾታዊ ርክብ ምፍጻም፡ ሓቢርካ ምምጋብ፡ ምስሓቕ… ወዘተ'ዩ። ልዕሊ ኩሉ ድማ እቲ "ድልዱል" ዝብል ቃል ብወገንካ ብኸመይ ትርድኦን ትተርጉሞን'ዩ ወሳኒ።

3ይ ግጉይ ብሂል፡

"ድልዱል ዝምድና፡ ፍልልያትካን ሽግርካን ምሉእ ብምሉእ ምስ ትፈትሕ'ዩ ዝህሉ" እዚ ጠቕላላ ካብ ክውንነት ዝረሓቀ፡ ዘይቅኑዕ ብሂል'ዩ። ምኽንያቱ ሰባት ብተፈጥሮ ዝተፈላለዩ'ዮም። ዘይፍታሕ ፍልልይ ስለ ዘለዎም ጥራሕ ኢዩ። ሰባት ኣብ ዝምድንኦም ዝረኣዩ ሓደ ሓደ ቀለልቲ ፍልልያት ክፈትሕዎም ይኽእሉ ይኾኑ፡ እንተ ነቲ ዓበይቲ መሰረታውያን ፍልልያቶም ግን ክፈትሕዎ ወይ መዕለቢ ክገብርሉ ኣይክእሉን'ዮም። ንኣብነት ኣብ ገዛእ ነብስኻ ተሞርኲስካ ምስ ትሓስብ፡ ሓደ ሓደ ነገራት ኣሎ ምስ መጻምድትኻ ወይ ብጻይካ ዘይትሰማማዓሉ፡ ንመጻኢ'ውን ክትሰማማዓሉ ዘይትኽእል። እቲ ዘየሰማማዓካ ነገር ብዛዕባ ጾታዊ ርክብ፡ ኣተሓሕዛ ንብረት፡ ኣተዓባብያ ቆልዑ፡ ምምቕርራሕ ገንዘብ… ወዘተ ክኸውን ይኽእል። ከምዚኦም ዓይነት ፍልልያት ሓደ ወገን ድልየቱን ስምዒቱን ሓቢኡ መሰዋእቲ እንተዘይከፊልሎም ምሉእ ብምሉእ መዕለቢ ኣይረኽቡን'ዮም። ሓንቲ ቀላል ኣብነት ክንምልከት። ኣብ ሓደ ስድራ፡ ኣደ ንበዓል ቤታ፡ ንደቃ ኣይትድሃሎም ክትብል ከላ፡ በዓል ቤታ ድማ የሐንቒቕክዮም፡

ኣበላሸኽዮም'ዩ ዝብላ። እዚኣ ሓንቲ ካብተን ቀለልቲ ግን ፍታሕ ዘይርከባ ፍልልያት'ያ። ንኸምዚኦም ዓይነት ፍልልያት ምሉእ ብምሉእ ፍታሕ ክትረክብ ኢልካ ምሕሳብ ግዜኻ ምጥፋእ'ዩ። ሓደ ሓደ መጻምድቲ፡ ብዛዕባ መሰረታዊ ፍልልያት ዘይምርዳእ፡ ከም ምንጻግ ስለ ዝርድእዎ፡ ብዛዕባ'ቲ ጉዳይ ብሕማቕ ስምዒት ተደሪኾም ተኾራርዮም ይነብሩ። እዚ ካብ'ቲ "ሕጉስ ሓድር ፍልልይትካ ብምሉእ ምፍታሕ ማለት'ዩ"፡ ዝብል ግጉይ እምነቶም ዝብገስ'ዩ። ንነብሶም ድማ ዝምድንኦም ጽቡቕ ከሎ ከም ዝላሕለሐ ጌሮም የረድእዎ። ለባማት ተጻመድቲ ብዛዕባ ሓደ ነገር ወይ ተረዲኦም ኣብ ሓደ ፍታሕ ይበጽሑ ወይ ድማ ክይተረዳድኡ ይተርፉ። ካብኡ ሓሊፎም ግን ኣብ ጸርፊ፡ ምትህርራምን፡ ምጽላእን ኣይበጽሑን። ስለ'ዚ ኣብ ክውንነት ተሞርኲስና ክንሪኦ ከለና፡ ፍልልያትና መግትኢ ክንገብረሉ ኣጸጋሚ'ዩ፡ ንስሚዕትና ግን መፍትሒ ክንገብረሉ ዘሸግር ኣይኮነን።

4ይ <u>ግጉይ ብሂል፡</u>

"ድልዱል ዝምድና ኣብ ንሓዋሩ ብሓባር ዝጠምረካ ረብሓን ድልየትን ዝተመርኮሰ'ዩ" እዚ ሓደ ካብ'ቲ ንሰባት ናብ ግጉይ ኣንፈት ጎደና ህይወት ዝመርሖም፡ ኣብ መጨረሽታ ድማ ዘይሑጉሳት ዝገብሮም ብሂል'ዩ። ሓደ ዓይነት ረብሓን ድልየትን ክህልወካ ክንደይ ጽቡቕ'ዩ። ግን የጋጥም ዲዩ? ሓደ ዓይነት ድሌት ስለ ዘይብልካ፡ ዝምድናኻ ንኸተደልድል ሃሰው ምባል፡ ንዘይርከብ ምንዳይ ስለ ዝኾነ፡ ዘየሎ፡ የለን ማለት'ዩ። ብሓደ ዝኣረጉ፡ ሓደ ዓይነት ጠሚሩ ዝሕዞም ስለ ዝረኸቡ ኣይኮኑን። ግን ንዘሕልፍዎ ሓበራዊ ሂወት ብጽቡቕ ይዝክርዎ። ክደግምዎ'ውን ኣይጸልኡን። እቲ ኣብ ዝምድና ዘገድስ፡ እንታይ ትገብር ኣይኮነን፡ ብኸመይ ኣገባብ ትገብሮ ኢዩ ዘገድስ። ናይ ሓባር ድልየት ንምምላእ ጸቕጢ፡ ወጥሪ፡ ግርጭት ዝፈጥረልካ እንተድኣ ኮይኑ፡ ግደፎ። ብሓባር ዝጠምረካ ስራሕ ስለ ዘየለ፡ ዝምድናኻ ከም ጎደሎ ምሕሳብ ቅኑዕ ኣይኮነን።

ናይ ሓባር ነገር ብዙሕ ከም ዘለካ ኣይትዘንግዕ፡ ብሓንሳብ ትነብር፡ ብሓንሳብ ትድቅስ፡ ሓቢርካ ትምገብ፡ ብሓባር ቆልዑ ተዐቢ፡ ካብኡ ሓሊፍካ'ውን ሓቢርካ ተምልኽ ሓቢርካ ትዘናጋዕ ትኸውን ካብ'ዚ ዝዓቢ ናይ ሓባር ረብሓ የለን። ቀላል ኣብነት ክንምልከት፦ ሰብኣይን ሰበይትን ሓቢሮም ብጠለብ ሰበይቲ ናብ በረኻ ሓምሊ ክሓምሉ ይኸዱ፡ ኣብ መንጎ ምሕማል ሰብኣይ ሕቑኡ ሒዙ ደው ይብል ሰበይቱ ድማ "ኣይትተሃከ፡ ዓቕሊ ጌርካ ሕመል" ትብሎ፡ ሰብኣይ ኣብ ኢዱ ዘጸነሐ ሓምሊ ብምድርባይ፡ "ስምዒ! ጸሓይ መሪሩ፡ ደበና ይእከብ

ኣሎ፡ ዝናብ ክዘንብ'ዩ፡ ፍርቂ መዓልቲ ኮይኑ፡ እንተዘይትፈልጢ ኮይንኪ ክንሕብረኪ ንዕናይ ብገንዘብ ካብ ዕዳጋ ግዝኢ" ይብላ። ሰብኣይን ሰበይትን ብዘይ ሓምሊ ገዛ ይምለሱ። ሕጂ እታ ሰበይቲ ናይ ምሕማል ድሌታ ስለ ዘይተማልአ ወይ ሰብኣያ ከም ናታ ድልየት ስለ ዘይብሉ ኮርያ ትነብር'ዶ? እቲ ዝበለጸ ጉድለት ኣለኒ ኢልካ ንነብስኻ ዘይምእማን'ዩ።

5ይ ግጉይ ብሂል፡

"ድልዱል ዝምድና ዝበሃል ሰላም ዝሰፈኖ'ዩ" እዚ ብሂል እዚ'ውን ቕኑዕ ኣይኮነን። ምኽንያቱ ብዙሓት ሰባት ንምርድዳእ ዝግበር ቀየቛ ምልክት ድኽመት ዝምድና ኮይኑ ስለ ዝሰመዖም። ከም'ዚ ዓይነት ርድኢት፡ ካብ'ቲ ብቐጻሊ ምቁያቕ ማለት ምንቅቓፍ ዝምድና የላሕልሕ'ዩ ዝብል እምነት'ዩ ዝብገስ። ምቑያቕ ግን ንዝምድና ጽቡቕ ወይ ሕማቕ'ዩ ተባሂሉ ክዝረበሉ ኣይክእልን። ቀየቛ ምስ ቀለልቲ ጉድለታት ናብራ ተኣሳሲሩ ኣብ ብዙሓት ተጻመድቲ ዕድመ ዝምድንኦም ከም ዘናውሕ ይንገረሉ። ንብዙሓት ተጻመድቲ፡ ምቑያቕ ዝነበሮም ወጥሪ'ዩ ዘህድእ። እዚ ድማ ብመጠኑ ሰላምን ዝያዳ ምትእምማንን'ዩ ዘዐቢ፡ ምኽንያቱ ተጻመድቲ ብዘይ ናይ ተነጽሎን ሕፍረትን ስምዒት ሓሳባቶምን ስምዒቶምን ክገልጹ ስለ ዘኽእሎም። ከምዚ ማለት ግን ቀየቛ ንዝምድና ኣድላዪ ስለ ዝኾነ፡ ተዓጢቕካ ምትሓዙ ማለት ኣይኮነን፡ ግን መጽናዕትታት ከም ዝሕብርዎ፡ ዝቋየቑ ተጻመድቲ ዝምድነኦም ብቐሊሉ ኣይብተኽን'ዩ። ብኣንጻሩ ፍትሕን ምፍልላይን ኣብቶም ግርጭቶምን ስምዒቶምን ሓቢኦም ዝጓዕዙ ተጻመድቲ ብብዝሒ ይርአ። ኣብ ሓዳር ምጽውዋርን ምክብባርን ከምዘድሊ ፍሉጥ'ዩ፡ እቶም ብሰላምን ፍቕርን ናብርኦም ዝመርሑ ተጻመድቲ ዕድለኛታት'ዮም ግን ኣቐዲምና ከም ዝረኣናዮ፡ ክልተ ሰባት ብኣካላዊ ይኹን ስነ-ኣእምሮኣዊ ኣቃውመኦምን ኣተሓሳስበኦምን ብዙሕ ፍልልያት ኣለዎም። ስለ'ዚ ሓድሕዳዊ ምትሕልላይ፡ ምክብባር ኣድላዪ ኮይኑ ከምኡ'ውን ኣብ ሓሳብ ክፈላለዩ፡ ዓቕሎም ክውድኡ ባህርያዊ ተርእዮ'ዩ። ኣብ ሓዳርካ ክንደይ ግዜ ትገራጨ ከገድስካ የብሉን፡ በዚ ኣይትሸገር። ከሸግረካ ዘለዎ ግርጭትካ ብኸመይ ተቐርቦ ጥራሕ እዩ። እቲ ግርጭት ምስ ጀመረ ብኸመይ ትኣልዮ ወሳኒ። ኣብ ግዜ ግርጭትን ዘይምርድዳእን ዘየረዳድኣካ ዘሎ ጉዳይ ገዲፍካ ናብ ካልእ ጉድለታት ወይ ሕማቕ ናይ ብጻይካ ሓሊፍካ ተጥቅዕ እንተድኣ ኮይንካ፡ ቀየቛኻ ኣዕናዊ'ዩ። ዝምድና'ውን ብኸምዚ ክቕጽል ኣይክእልን'ዩ። ከምኡ'ውን ብዘይ ምኽንያት ወትሩ ምስ መጻምድትኻ ምህላው ማለት ምስ ምግርጫው ተተኣሳሲሮ እንተድኣ ኮይንካ ኣዕናዊ ዝምድናኻ ምኳንካ

ኣይትዘንግዕ። ልዕሊ ኹሉ ድማ ኣብ ግዜ ግርጭት እትብሎ ከየረጋገጽካ ብሃውሪ ምስ ዝኸውን ቀታሊ ዝምድናኻ ኢኻ። ካብ'ዚ ሓሊፉ፡ ድሕሪ ግርጭት ስምዒትካ ዘይትልውጥ ሞግረምረሚ ንጉድለታት ኣብ ኩሩምቱ ነኻሲ ኣይትኹን፡ ምኽንያቱ ነኺስካዮ ዘለኻ ሓደ መዓልቲ ምስ ካልእ ጉዳይ ኣተሓሒዝኻካ ከተውጽእ ኢኻ። እዚ ከኣ ከም'ቲ ኣቐዲሙ ዝተጠቐሰ፡ ዝምድና ዘዐኑ'ዩ። ስለ'ዚ ቀየቛ ንዝምድና ብመጠኑ ሃናጺ ምዃኑ ተገንዚብና ግን ኣብ ግርጭት ንዘሎ ስምዒትካ ብኸመይ ተሀድእ ወሳኒ ተራ ኣለዎ። ድሕሪ ግርጭት ስምዒታዊ መደምደምታ ክግበር ኣለዎ። እዚ ማለት ድማ ዘፈላልየካ ጉዳይ ናይ ግድን መፍትሒ ትረኽበሉ ማለት ኣይኮነን ግን ኣእምሮኻን ልብኻን ምምዕርራይ ብጻይካ'ውን ከምኡ'ውን ከምዝግበር ምግባር ማለት'ዩ።

6ይ ግጉይ ብሂል፡

"ድልዱል ዝምድና ማለት ንኹሉ ስምዒትካ ጓሕጉሕካ ምውጻእ ማለት'ዩ" ብሓንሳብ ስለ ዘለኻ'ሞ መናብርቲ ስለ ዝኾንካ ንኹሉ ዝስመዓካ እትሓስቦን፡ ካብ ውሽጢ ኣውጺእካ ንኣእምሮኻ ነጻ ምግባር ንጥዕናን ዝምድናን ሓጋዚ ኣይኮነን። ንስለ ግሉጽነት ዝመሰለካን ዝተራእየካን ምዝራብ ሓደገኛ ባህሪ'ዩ። ኩላትና ብዛዕባ መጻምድትና ዘይተኣደነ ሓሳብን ስምዒትን ኣለና። ካብኡ ብዙሕ ድማ መሲሉና ጥራሕ ዘድመጽናዮ ኣሎ። ደሓር ተመሊስና ምስ ኣኳማሳዕናዮ ግን ብዙሕ ካብ'ቲ ዝበልናዮ ብዝተፈላለየ ምኽንያታት ክበሃል ኣይነበሮን፡ ዋላ ገለ ካብኡ እንኣምነሉን እንደሊዮን ይኹን። እስከ ሓደ መዓልቲ ሓሪቕና ንመጻምድትና ብዛዕባ ድኽመታቱ ዝተዛረብናዮ ንዘክር። ንጹሃት ንኹን፡ ኣብ'ቲ እዋን ላዕለዋይ ኢድ ስለ ዝነበረና ከምኡ ብምድማጽና ፈኺስና ይኸውን ግን እንታይ ኣፍሪና? ዋላ ሓደ ነገር። ንእዋኑ ሓሪቕካ ስሚዕትካ ምጥፋእ፡ ነባሪ ማህሰይቲ ዝምድና ከም ዘለዎ ክንዝንግዕ የብልናን።

ብዙሕ ካብ ዝምድናታትና ኣብ ምፍልላይ ዝበጽሕ ብሰንኪ ሓደ ካብ ተጻመድቲ ኣብ ሕሉፍ ንእዝተዘርበ ብዘይ ምርስዑ ወይ ሸለል ብዘይምባሉ'ዩ ዝስዕብ። ሕጂ ብዛዕባ ቅድሚ ኣዋርሕ ይኹን ዓመታት ንብጻይካ ዝበልካዮ ጌና ዘይተረስዐ ነገር ዘክር። ኣስተውዕል! ኣተሓሳስባኻ ንዓኻ ስለ ዝኾነ ወስኸሉ፡ ኣማዕብሎ፡ እተውጽኦ ቃል ግን ንኻልእ ስለ ዝኾነ ተጠንቀቐሉ። ርጉጽ ዘይኮነ ሓሳብ ካብ ውሽጥኻ ኣይተውጽእ። እዚ ንመጻኢ ህይወት ዝምድናኻ ወሳኒ'ዩ። ከም'ዚ ማለት ግን ሓቂ እናፈለጥካ ሕባእ፡ ዘይንጹህ ኩን ማለት ኣይኮነን።

እትሓስቦን ዝስመዓካን መዓስን ብኸመይን ከም እትብሎ ፍለጥ። ንሓደ ሓሳብ ምባሉ ኣድላይነት ስለ ዘለዎ ኣቀራርባ ምስ ዝኅድል ንዓኻ ወይ ንብጻይካ ንሕልፈት ዝፍረድ ክኸውን የብሉን። ካልእ ከተስተውዕለሉ ዝግበኣካ፡ ምዝራብ ብቓል ጥራሕ ኣይኮነን። ሓደ ሓደ ግዜ ተግባር ካብ ቃል ንላዕሊ ከም ዝስማዕ ኣይትዘንግዕ። ንኣብነት ኣብ ኣድላዪ እዋን ንግዳም ምውጻእ፡ ንብጻይካ ብመስተ ምግጫብ፡ ኣብ እትደልየሉ ገለ ካብቲ ብዓውታ ብተግባር ዝግለጽ ንዝምድና ዘዕኑ ተግባራት'ዩ። ካልእ ነቲ ካብ ብጻይካ ዝውሕዝ መረረታት ይኹን ወቐሳታት ብኸመይ መልሲ ትህበሉ ዓቢ ዋጋ ኣለዎ።

7ይ ግጉይ ብሂል፡

"ጾታዊ ርክብ ምስ ምድልዳል ዝምድና ርክብ የብሉን" እዚ ብሂል'ዚ ንቐሩብ ደቃይቕ ኣይእመንን'ዶ? ጾታዊ ርክብ ግዚያዊ ጸቕጥን ወጥርን ዘዐግስ ንምቅርራብ ዝዕድም መሰረታዊ ረቛሒ'ዩ። ጾታዊ ርክብ ብጻይካ ንኽቐርበካ ዘፍቅድ ተግባር'ዩ። እዚ ተግባር'ዚ ምሃብን ምቕባልን ስምዒትን ዘለዎ ምክፋል ናይ እምነት ምልክት'ዩ።

ኣብ መንጎ ዝተፈላለዩ ሰብ ሓዳር ዘሎ ፍልልይ ኣብ'ዚ ተግባር'ዚ ዝተመርኮሰ'ዩ። ከም'ዚ ክበሃል ከሎ ግን ጾታዊ ርክብ ኩሉ ነገር'ዩ ማለት ኣይኮነን። ግን ዘዕግብ ጾታዊ ርክብ ንዘይተኣደነ ፍልልያት ዝድጉል ብርቱዕ ሓሙኹሽቲ'ዩ። ሓደ ካብ ተጻመድቲ ጾታዊ ዕግበት እንተዘይረኺቡ፡ ዝረብሕን ዘይረብሕን ነጥብታት እናኣልዓለ ዝምድና የላሕልሕ። ሓደ ካብ ተጻመድቲ ካብ ጾታዊ ርክብ ምሕራሙ ይቐጽዓኒ ኣሎ ኢሉ ስለዝኣምን፡ ብኣሉታዊ ኣገባብ ንግብረ መልሲ ይዳሎ። እዚ ድማ ኣዝዩ ኣዕናዊ ክኸውን ይኽእል። ስምዒት ናይ ምንጻግ ብሓደ ወይ ብኽልቲኡ ወገን ሕማቕ ስምዒት የሕድር። ምኽንያቱ ጾታዊ ርክብ፡ ዓሚቕ ቅርበት ዘለዎ ውልቃዊ'ዩ። ስምዒት ምንጻግ ኣብ'ዚ ዓውዲ፡ ብዓሰርተ ዕጽፊ ካብ ስምዒት ምንጻግ ንሓሳብ ጎሊሑ ይርአ። ጾታዊ ጠለብ ባህርያዊ፡ ግቡእን ቁኑዕን'ዩ። ከምዚ ክበሃል ከሎ፡ ነቲ ቀጥተኣዊ ጾታዊ ርክብ ማለት ስጋዊ ርክብ ዝውክል ኣይኮነን። ጾታዊ ርክብ ማለት ተመኩሮ ኣካላዊ ምቅርራብ፡ ምስ ስነ- ኣእምሮን ስምዒትን ምትእስሳር ኣለዎ። ሓቀኛ ትርጉም ጾታዊ ርክብ ብሕትኣዊ ምትንኻፍ፡ ምስዕዓም፡ ምሕቋፍ፡ ምድራዝን ቀሪብካ ምዕላልን የጠቓልል። እዚ ኩሉ ፍሉይ ኣካላዊ ዕግበት ይፈጥር። ብጾታዊ ርክብ ምቑራን ማለት ካብ ኣዕሩኽ ምኳን ሓሊፍካ፡ ናይ ሓባር ህይወት ምክፋል

ማለት'ዩ። ካብ ምክፋል ዝሕይል ረቛሒ ንድልዱል ዝምድና ዳርጋ የለን።

8ይ ግጉይ ብሂል፡

"ንዝምድናኻ ዘሐይል፡ ቅኑዕን ግጉይን መንገዲ ኣሎ" ንዝምድና ዘገልግል ከምዚ ዓይነት ቅኑዕ መንገዲ ኣሎ ክበሃል ኣይከኣልን። ተገዳስነትካን ሓገዝካን እተርእየሉ ሓደ እንኮ ቅኑዕ መንገዲ ኣሎ ምባል ግጉይ'ዩ።

ንኣተዓባብያ ቀልዑ፡ ኣተኣላልያ ግርጭት… ወዘተ፡ ኣብ ዝምድና ንዘጓንፍ ብድሆታት ዝምልከት እዚ ኣገባብ እዚ'ዩ ክንብል ዝከኣል ኣይኮነን። እቲ ዝበለጸ፡ ምስ መጻምድትኻ ብሓባር ከንብረካ ዝኽእል መንገዲ ምኽታል'ዩ። ኣብ መጽሓፍ ዘንበብካዮ ወይ ወለድኻ ኣብ ዝምድናኻ ክትትኖ ኣለካ ዝበሉኻ ከም መዐቀኒ ብሕትኣዊ ዝምድናኻ ክትትኖ ኣለካ ዝበሉኻ ከም መዐቀኒ ብሕትኣዊ ዝምድናኻ ክጥቀመሉ የብልካን። መምዘኒኻ እቲ ምስ መጻምድትኻ እትኽተሎ ኣገባብ ድሌታትካ ዘማልእ ድዩ ወይ ኣይፋል ጥራሕ ክኸውን ኣለዎ። ሓደ ውሱን ሕጊ ምኽታል ሓጋዚ ኣይኮነን። ምስ መጻምድትኻ ትዓግበሉ ሕጊ ምኽታል ካብኡ ተበጊስካ ድማ ናይ ገዛ ርእስኻ መደባት ምሕንጻጽ እቲ ዝበለጸ'ዩ። ዝተፈላለየ ስምዒትን ርድኢትን ንዘለዎ ተጻመድቲ ሰብ ሓዳር፡ ኣብ ሓንጎል ብዘተቐርጸ ቅኑዕን ጌጋን ዝዳኒ ሕጊ ኣብ ዝምድናኹም ነዚ ተኸቲሉ ማለት ካብ ሓቂ ዝረሓቐ ዘየናብር ትእዛዝ'ዩ። ከምቲ ብዙሓት ተጻመድቲ ዘለዉ፡ ብዙሕ ብሓባር ከንብር ዝኽእል ዝተፈላለየ ሕግታት ከም ዘሎ ክንዝንግዕ የብልናን። ዝተፈላለየ ኣገባብ ምዝርራብ፡ ምርድዳእ፡ ሓልዮትካን ፍቕርኻን ምግላጽ፡ ሽግራትካ ምፍታሕ ከም ዘሎ ክንዝንግዕ የብልናን። ካልኦት ዘይትፈልጦም ሰባት ብዘቐምዎ ሕጊ፡ ወይ ሓደ ክልተ መዓልቲ ብዘማኸሩኻ ኣገባብ ዝምድናኻ ክትመርሕ ኣይትፈተን።

9ይ ግጉይ ብሂል፡

"ዝምድናኻ ዝድልድል፡ ካብ ብጻይካ ኩሉ እተደሊዮ ምስ እትረክብ'ዩ" ናይ ብዙሕ ሰብ ሽግር፡ ከም ቀልዓ፡ ናይ ገዛእ ርእሱ ሓጉስ ንምርካብ ሓላፍነት ስለ ዘይወስድ'ዩ።

ናይ ብዙሓት እምነት፡ ምፍቃር ማለት ካብኡ ንደሓር ኣብ ህይወትካ ሓጉስ ዝፈጥረልካ ምርካብ'ዩ። እዚ እምነት'ዚ ምስ ዘይሰርሕ፡ ኣጻብዕትኻ

እናኣወጣወጥካ ኣብ ጸለመ ትኣቱ። ዘይምሕጉስካ ኩሉ ብሰንኪ መጻምድትኻ ምዃኑ ትኣምን። ተግባራት መጻምድትኻ ከም ዘየሐጉሰካ ትኣምን መጻምድትኻ ኣገባብ እንተቐይሩ ህይወተይ ዝበለጸ ክኸውን'ዩ ትብል። ድሕሪ'ዚ ኣነ ክገብሮን ክቕይሮን ዘኽእል የለን ዝብል መደምደምታ ትብጽሕ።

ናይ ዝምድና ቅልውላው ዘለዎ ሰብ፡ ንመን ክትልውጥ ይሕሸካ ተባሂሉ ምስ ዝሕተት፡ ንመጻምድተይ'ዩ ዝብል። እዚ ግን ጌጋ'ዩ። ንስኻ ንገዛእ ርእስኻ ክትጸሉ ሃቕን። ኣብ ዝምድናኻ ለውጢ ከተምጽእ፡ ንነብስኻ ንለውጢ ኣዳሉ። ክብረትካ፡ ሓይልኻን መኣዝንካን ባዕልኻ ጥራሕ ኢኻ ክትዕቅብ ትኽእል። ምስ ገዛእ ርእስኻ ምርድዳእ እንተዘይብልካ ንመጻምድትኻ ክተረድእ ክእለት የብልካን። እዚ ማለት ግን ኣብ ዝምድናኻ ንዝርአ ሽግር ነብስኻ ውቐስ ማለት ኣይኮነን። ናይ ህልው ኩነታት ዝምድናኻ ተሓታቲ ምዃንካ ግን ኣይትዘንግዕ። ዝምድናኻ ከምቲ ክኾና እትደሊዮ ምስ ዘይከውን እቲ ክልወጥ ዘለዎ ኣተሕሳስባኻ፡ ኣረዳድኣኻን ስምዒትካን ጥራሕ'ዩ። ናብ ሕማቕ ዝምድና ዝመርሕ ጎደና መሪጽካ ኣለኻ ማለት'ዩ። ኣብ ዝምድናኻ ቃንዛ ዝፈጠሩ ኣተሓሳስባታት፡ ስምዒታት ባህርይታት ባዕልኻ ዝመረጽካዮም'ዮም። እዞም ተርእዮታት'ዚኦም ምናልባት ሓደ እዋን ስለ ዘገግልገሉኻ መሪጽካዮም ትኸውን። ጸኒሖም ምስ ዘየገልግሉ ግን ካብ ህይወትካ ክትኣልዮም ኣለካ። ልዕሊ ኩሉ ንብጻይካ ክትቆጻጸሮ ከምዘይትኽእል እመን። መጻምድትኻ ንህይወትካ ዝበለጸ ክገብሮ ኢልካ ኣይትሕሰብ፡ ንስኻ ናይ ገዛእ ነብስኻ ተሓታቲ ኢኻ።

ኣተሓሕዛ ኣሸገርቲ ሰባት

ኣብ መዓልታዊ ህይወትና፡ ምስ ጠባዮም ዘየሰማምዓና፡ ኣዕሩኽ፡ ኣዝማድ፡ ጎረባብቲ...ወዘተ ክንራኸብ ንግደድ። መብዛሕትኡ እዋን ኣሉታዊ ጽልዋ ዘለዎም ባህርይኦም፡ ጠንቂ ናይ ዘይምስምማዕ ይኸውን። ገለ ካብኡ'ኳ ሸለል ኢልካ ዝስገር እንተኾነ፡ ሓደ ሓደ ቀጻልነት ዘለዎ ሓርፋፍ ጠባይ ግን ብቐሊሉ ዘይፍታሕ ማሕለኻ'ዩ። ብሓፈሻኡ ንርክብ ኣሸገረቲ ዝኾኑ ሰባት ብዙሓት ዓይነት ኮይኖም ገለ ካብኦም ደሃልቲ፡ ዓለቑቲ፡ ሓመይቲን ጎሰይትን ምጥቃስ ይከኣል።

1. <u>ደሃልቲ /ዓለቑቲ፡-</u>

ደሃልቲ ዓይነት ሰባት፡ ሃደደቲ ኮይኖም፡ ንኹሉ ኣብ ትሕቲኦም ዝርከብ ዝንዕቁን ዘድህሉን'ዮም። ሃዳዲ ዓይነት ሰብ ነቲ ሕማቕ ባህርይኡ ኣብ ድኹም'ዩ ኢሉ ዝገመቶ ሰብ ስለ ዘንጸባርቖ፡ ብድፍረት ዝገጥሞ ምስ ዝረክብ ግን ቀልጢፉ ብምዕላቕ ዝሰንፍ ዓይነት ሰብ'ዩ። ምኽንያቱ ኣብ ግዜ ቁልዕነቱ፡ ብስድራ ቤት፡

ኣዕሩኽ መዛኑ ተዳሂሉ ስለ ዝዓበየ፡ ኣብ ትሕቴኻ ንዘሎ ምድሃል ዕግበት ይህቦ ግን ነብሰ-ትኣማንነት ስለ ዘይብሉ ንዘጋጥሞ ትቓውሞ ክብድህ ውሕስነት የብሉን። ምስ ደሃሊ ሰብ ትሑትን ምቕሉልን ኼንካ ምትዓዝ፡ ናይ'ቲ ሕማቕ ባህሪኡ ግዳይ ካብ ምዃን ሓሊፉ ጥቕሚ የብሉን። እና ተሃደድካ ንሃዳዲ ብቐጻሊ ንኽድህለካ ሓይሊ ምሃብ'ዩ። ግቡእ ግብረ መልሲ ብዘይምሃብካ፡ ልክዕ ከም ቀልዓ ብመዛንኡ እናተሳቐየ ብሕፍረት ዝኣክል ስቕ ዝብል'ሞ ግዙእ ኮይኑ ዝነብር፡ ግዳይ ኴንካ ትነብር። እቲ ዝኸፍኣ፡ ሓደ ደሃሊ ወይ ሃዳዲ ክድህለካ ምስ ዝጅምር'ሞ ተቓውሞ ምስ ዘይተርኢ ብቐጻሊ ስለ ዝድህለካ'ዩ።

ንኽምዚኦም ዓይነት ሰባት ንምቅዋም ዝሕግዙ ነጥብታት፡ ንዝስዕብ ተኸተል፦

ሀ) ንሃዳዲ/ደሃሊ ፍሽኽታ ይኹን ስሓቕ ኣይተርኢ። ብዙሓት ሰባት ንሃደድቲ ሰባት ይስሕቅዎ፡ እዚ ግን ቀጻሊ ግዳይ'ዩ ዝገብር።

ለ) ኣዒንትኻ ኣብ ገጽ ደሃሊ ንዝተናውሐ ግዜ ትኽል። ብዙሓት ግዳያት፡ ተዳሂሎም ኣዒንቶም ናብ እቲ ዝድህሎም ዘሎ ካብ ምጥማት ይቑጠቡ፡ እዚ ግን ምንብርካኽ'ዩ። ተቃውሞኻ ብኣዒንትኻ ግለጽ።

ሐ) ምስ ደሃሊ ክትዛረብ ከለኻ፡ ዓው ኣይትበል። ምጭዳር ዓቕልኻ ኣወዲኡ፡ ናብ ድኽመት ስለ ዘመርሓካ፡ ደሃሊ ናብ ከምኡ ዓይነት ደራጃ ክትወርደሉ'ዩ ዝደሊ።

መ) ሃዲኡካ ከለኻ፡ ነቲ ዝድህለካ፡ ኣብ ብሕቲ ንክትዛረቦ ዓድሞ። ዘፍርሐካ ምስ ዝኸውን ምሳኻ ዝስዕብ ብጻይ ግበር። ብንጹር ኣብ ልዕሌኻ ዘንጸባርቖ ከውግድ ኣብርሃሉ።

2. ሓመይቲ/መጉረምረምቲ፡-

መጉረምረምቲ ዓይነት ሰባት፡ ብነብሰ ምትሓት ዝተዋሕጡ፡ ኣይፋል ከድምጹ ዝግበኦም፡ እወ ዝብሉ፡ ኣብ ቅድሚ ሰብ ሓሰቦም ንምግላጽ ትብዓትን ነብሰ ተኣማንነት ዘይብሎም'ዮም። ብፍላይ ደረጃ ሓላፍነት ካብኦም ልዕል ምስ ዝብሉ ሰባት ስምዒቶም ሓቢኦም ዝጓዓዙ፡ ኣብ ቅድሚ ዝሓምይዎ ምእዙዛትን ብድሕሪኡ ግን ብሙግርምራምን ነቐፌታን፡ ከባቢኦም ዘናውጹ፡ ንመሳርሕቶም ስነ-ኣእምሮኣዊ ጸቕጢ ዝፈጥሩ ዓይነት ሰባት'ዮም። ዝብልዎ ብሃናጺ ግብሪ ስለ ዘይስነ፡ ኣብ መንጎ ብሓባር ዝነብሩ ወይ ዝሰርሑ ሰባት ጽልኣት የሕድሩ።

ካልኣይ ምዕራፍ
ጸቕጢ (STRESS)

ጸቕጢ ማለት ብሕጽር ዝበለ ኣገላልጻ፡ ኣካላትና ንእነቕርበሉ ሓሳባት ዝህቦ መልሲ እዩ። ሰባት ጸቕጢ ኣእምሮ ምስ ተጨነቑ፡ ሓደ መፍትሒ ክናድዩ ይሕልኑ። ግን ካበይን ብኸመይን ከም ዝጅምሩ ኣይፈልጡን። እዚ ንባዕሉ ተወሳኺ ጭንቀተ- ኣእምሮ ይፈጥረሎም። በዚ ምኽንያት ኣብ ምሕርቃም ኣስናን፡ ምግታር ጭዋዳታት፡ ምትኻኽ ሽጋራን ዘይተደለየ ኣልኮላዊ መስተንን ይኣትው። ሓደ ሓደ እዋን'ውን ብዘይ መደብ ካብ ገዛ ምውጻእ፡ ትርፊ ሰዓታት (ካብ ግቡእ ንላዕሊ) ምስራሕ፡ እግርኻ ናብ ዝመርሓካ ወይ መንኪና ሒዝካ ብዘይ መደብ ምንቅስቓስ... ወዘተ፡ ዝዓይነቶም ጠባያት የርእዩ። ጸቕጢ ንኣዚዩ ዝሕቱል ዘገምታዊ ኣመዓባብላ ስለ ዝዓቢ ኣብ ሰባት ብቐሊሉ ክትዕዘቦ ኣሸጋሪ'ዩ። እንተኾነ ኣብ ጸቕጢ ትኣቱ ምህላውካ ዘብርህ ሓደ ሓደ ምልክታት ኣለዉ። ንኣብነት፦

1.ብቐሊሉ ንኽፍጸም ዝኽእል ስራሕ ወይ መደብ ክትፍጽሞ ነዊሕ ግዜ ምውሳድ፡
2.ምንካይ ናይ ምዝካር ዓቕምን ሓደጋታት ምፍጻምን፡
3.ብዘይጠቅም ነገራት ምሕራቕ፡ ምቑጣዕ... ወዘተ፡
4.ድኻም፡ ስእነት ድቃስ፡
5.ነብስኻ እትኣልየሉ ግዜ ምስኣን (ነብስኻ ምውዳቕ)፡
6.ተስፋ ምቑራጽ... ወዘተ።

ጸቕጢ ብኸመይ ክግለጽ ይኽእል?

ብሓፈሻዊ ኣበሃህላ፡ ጸቕጢ፡ ደቂ-ሰብ ንኣካላዊ፡ ስነ-ኣእሮኣውን ስምዒታውን ለውጥታት ንምልምማድ ብዘርእይዎ ግብረ መልሲ'ዩ ዝስዕብ። ከም'ዚ ክበሃል ከሎ ግን ዝካየድ መስርሕ ምልምማድ ናይ ግድን ንኣሉታዊ ጸቕጢ ጥራሕ ክኸውን

የብሉን። ጸቕጢ ዝፈጥረልካ ስምዒት ተጻዊርካ ድሕሪ ነዊሕ ገድሊ ኣብ ዓወት ምብጻሕ ምሉእ ዕግበት ይፈጥር። እተካይዶ ገድሊ ብድፍኢት ካልኦት ብፍላይ ሓለፍቲ ምስ ዝኸውን'ሞ ናይ ገዛእ ርእስኻ ወለንትኣዊ ድርኺትን ድሌትን ምስ ዘይህልዎ፡ ብስጭት ይፈጥረልካ። እዚ ንባዕሉ ሓደ ካብቲ ብቐሊሉ ቀጻሊ ጸቕቲ ዝፈጥር ረቛሒ'ዩ።

ጸቕጢ ብመጠኑ ኣገዳሲ'ዩ። ምኽንያቱ ኣብ ህይወትን ተስፋን ምትብባዕ ስለ ዝፈጥር። ኣብ መስርሕ ህይወት ዘጓንፉ ቀለልቲ ወይ ማእከሎት ለውጥታት፡ ንኣካላትና ብቐጻሊ ለውጢ ናይ ምቕባልን ምብዳህን ምልምማድ ስለ ዘዕብዮ ኣዝዩ ሓገዝቲ እዩ። ንለውጢ ተቐቢልና ብግብሪ ኽንምክቶ ምስ እንቃለስ፡ እና ሓየልና ንነብር። እቲ ለውጢ ኣዚዩ ዓቢ ምስ ዝኸውንን ኣብ ህይወትና ኣሉታዊ ጽልዋ ምስ ዘሕድርን ግን ናይ ምልምማድ ዓቕምና ካብ ዓቐን ንላዕሊ ተመጢጡ ይብተኽ። ኩሉ ግዜ፡ ኣካላውን ስምዒታውን ኩነታትና ክመዓራረ ንደሊ። እንደሊዮ ምስ እንረክብ ጥራሕ'ዩ ከኣ ሓጐስን ቅሳነትን ዝስምዓና። ለውጢ ብፍላይ'ኳ ዘይምቹእ ምስ ዝኸውን፡ ነቲ ኣብ መንጎ ኣካልን ስምዒትን ዝህሉ ሚዛን ኣብ ሓደጋ የውድቖ። ሓደ ሰብ ንጽቕጢ ተቓሊዑ ምህላዉ ምስ ዘስተውዕል፡ ብመጀመርያ ሓንጎሉ ኣብ ናይ ተጠንቀቕ ደረጃ ይቐውም። ኣብ'ዚ ፈላሚ መድረኽ፡ ኣካላት ንዑል ንጥፈት ይዳሎ። ጭዋዳታት ይውጠር፡ ነዝዒ ሆርሞን ኣድረናልን ንጸቕጢ ደም የልዕሎ።

ኣብ'ቲ ዝሰዕብ ካልኣይ መድረኽ ተጸዋርነት፡ ኩሉ ልዑል ምድላው ዘገበረ ኣካልን ስነ-ኣእምሮ ን ክሳብ ዝከኣሎ ጸቕጢ ንኽንብድህ ይጋደል። እቲ ውልቀ-ኣካል ውሱን ዓቕሚ ስለ ዘለዎ ግን ምስ ምቕጻል ጸቕጢ ናይ ግድን ካብ'ቲ ሳልሳይ መድረኽ ሃልኪ ማለት ምስናፍ ወይ ስዕረት የብጽሕ። ንሓደ ለውጢ ንኽትለማመድ ንኣዝዩ ነዊሕ እዋን ኣብ ትሕቲ ጸቕጢ ምስ እትቕጽል ናይ ግድን ትሓምም። ንኣብነት ኣብ ስራሕ፡ መዓልቲ መጸት ክትኣቱ ክትወጽእ ጠለባት እናዛየደ ነቐፌታ እምበር ቛንቛ ናእዳ፡ ምትብባዕን ምስጋናን ዘይብሉ ሓላፊ ምስ ዘጋጥመካ፡ ግዳይ ጸቕጢ ብምዃን ትስነፍ። ተመሳሰሊ ኣብነት፡ ንሓደ ሓሚሙ ካብ ዓራት ዘይትንስእ መቕርብ፡ ብይንኻ ብዘይ ሓጋዚ ብቐጻሊ ክትኣሊዮ ምስ እትግደድ፡ ንባዕልኻ ግዳይኣካላውን ስነ-ኣእምሮኣውን ሽግር ትኸውን። እዚ ድማ በቲ ዝህሉ ቀጻሊ ጸቕጢ ዝምዕብል'ዩ። ብሕጽር ዝበለ ኣገላልጻ፡ ኣብ ዝለዓለ ጥርዚ ናይ ወጥሪ ንዝተናውሐ እዋን ተቓሊዕካ ምጽናሕ ኣካላውን ስነ-ኣእምሮኣውን ዕንወት የኸተል።

ከምቲ ኣብ ላዕሊ ዝተጠቕሰ ኣመዓባብላ ጸቕጢ ኣብ ሰለስተ መድረኻት ዝተኸፈለ ኮይኑ፡ ሓደ ሰብ ኣብ'ቲ ሳልሳይ መድረኽ ምስ በጽሐ ሽግር ከም ዘለዎ ንኽፈልጥ ኣየጸግሞን ኣብ'ተን ክልተ ቀዳሞት መድረኻት ማለት ሓንጎል መጠንቀቕታ ክህብ ከሎን ኣካላት ተጸዋርነት ከርኢ ከሎን፡ እቲ ተግባር ብዘይ ምስትብሃል ክካየድ ስለ ዝኽእል ከም ሽግር ከይጠመተ ይሓልፍ። ልክዕ ከም ኩሉ ኣካላውን ስነ-ኣእምሮኣውን ዘይምቹኡነት ዝኸትል ኩነታት ክርአ ይኽእል። እዚ መግለጺ'ዚ ነቲ ኣብ መንጎ ደቂ-ሰብ ዘሎ ፍልልይ ኣብ ኣጠማምታን ኣረዳድኣን ብዛዕባ ጸቕጢ ዝፍጠሩ ነገራት ዘብርህ'ዩ።

ባዕላዊ ኣገላልጻ ጸቕጢ፡ ጸቕጢ ካብ ብዙሕ ናይ ስራሕ ጽዕነትን፡ ኣብ ልዕሊ ሓደ ዉልቀ ሰብ ዝህሉ ሓላፍነትን ዝተፈላለየ ምኽኑ እዩ ዘነጽር። ብዙሓት ሰባት፡ ብብዙሕ ስራሕ ማለት ዕዮ ተኸቢቦም፡ ብዘይ ዝኾነ ምልክት ናይ ጸቕጢ ዕማሞም ብዓወት ይፍጽሙ። ስለ'ዚ ጸቕጢ ብኸፊል ብኣከባብያዊ ጽልዋ ዘሰዕቦ ክኸውን ከሎ እቲ ዝዓበየ ክፋሉ ግን ርድኢትና ወይ ኣገባብ ኣተሓሕዛናን ኣመለኻኽታና ንኩነታትን ዘማዕብሎ'ዩ። ከም'ዚ ስለ ዝኾነ ድማ ዝተፈላለዩ ሰባት ንጸቕጢ ብዝተፈላለየ ኣገባብ ክገትምዎ ይርኣዩ። ንኣብነት ኣብ ዝኾነ ህዝባዊ ቦታ ከም ኣብ ሆስፒታል፡ መዕረፍ ኣውቶቡስ... ወዘተ ሓደ ጸገም ምስ ዘጋጥሞም፡ ሰባት ብኸመይ ከም ዘገጥምዎ ተዓዘብ። ገለ ዝንጸርጸር፡ ገለ ዝርብሽ፡ ገለ ዝዛነ

ክትርኢ ባህርያዊ'ዩ። ዘፍርሕ ኩነታት ክገጥመና'ዩ ወይ'ውን ገጢሙና ኣሎ ኢልና ክንሓስብ ምስ እንጅምር፡ ኣካላትና ንጸቅጢ ንኽቃለስ ይለዓዓል። እዚ ብወለንታ ዘይንቆጻጸሮ ባህርያዊ መስርሕ ኮይኑ፡ ስርዓተ-ምስትንፋስ ናህሪ ብምውሳኽ'ዩ ዝፍልሞ። ኣብ ሓንጎልን ጭዋዳታትን ዝኣክል ኦክስጅን ንምብጻሕ'ሞ ኣካላት ካብ ዘጋጥሞ ሓደጋ ንምድሓን፡ ምስትንፋስ ብቐዳነት ናህሪ ይውስኽ። ምስ'ዚ ተኣሳሲሩ ድማ ህርመት ልቢ ይልዕል፡ ጸቕጢ ደም ኣብ መትንታት ይልዕል፡ ህዋሳት ኣብ ተጠንቀቕ ይቐሙ፡ ንኣካላት ዘንቀሳቕሱ ሆርሞናት ኣድረናሊንን ኮርቲሶልን ድማ ናብ ደም ይነዝዑ። ከም'ዚ ዓይነት ኣካላዊ ምድላው ኣብ ግዜ ሓደጋ ኣዝዩ ሓጋዚ'ዩ። ሓደጋ ኣብ ዘይብሉ እዋን፡ ከምኡ ዓይነት ኣካላዊ ምድላው ግን ንሽግር'ዩ ዝዕድም።

ሰባት ንጸቕጢ ክገልጽዎ ምስዝሕተቱ መብዛሕትኡ እዋን ውሱን መግለጺ ጸቕጢ ብምሃብ ዘይኮነ፡ ኣብነታት ጸቕጢ ብምጥቃስ'ዮም ክገልጽዎ ዝፍትኑ። ካብ ዝውቱር ኣብነታት፡ ብዙሕ ዕዮ ክትዓምም ኣእምሮኻ ምጭናቕ፡ ጠለባት ብምብዛሕ ንግዜኻ ምጽባብ፡ ተጸሊኡካ ወይ ሓሚምካ ከለኻ ንኽትሰርሕ ምግዳል፡ ብሓሳባት ምውጣሕ… ወዘተ። ኣብዞም ዝተጠቕሱ ኣብነታት ዘሎ ናይ ሓባር መረዳእታ፡ ጸቕጢ ከም ድልየታትካ ንኸተማልእ እተካይዶ ስነ-ኣእምሮኣዊ ተጋድሎ ምዃኑ ዘብርህ'ዩ። ሰባት ከም ጸቕጢ ዘቕርብዎ ኣብነታት መብዛሕትኡ ኣሉታዊ ስምዒታት ዘለዎ ጥራሕ'ዩ። ኣወንታዊ ስምዒታት ዘኽትል ከም ሓጉስን ባህግን'ውን ስነ- ኣእምሮኣዊ ጸቕጢ ይፈጥር'ዩ። ግን ከም'ቲ ኣሉታዊ ስምዒት ዘኽትሎ ማለት ሕርቃን፡ ቅንኢ፡ ብስጭት… ወዘተ፡ ብቐሊሉ ስለ ዘይነስተብህለሉ፡ ጸቕጢ ዘይፈጠረልና ኮይኑ ይስምዓና። እንተ ነቲ ንዝቐርበሉ ጠለባት ክምልስ ዝጋደል ኣእምሮና፡ ዘሐጉስ ይኹን ዘጉሂ ወይ ዘሐርቕ ስምዒት፡ ከከም ዕብየቱን ዕምቆቱን ዝፈላለ ኮይኑ ብማዕረ'ዩ ጸቕጢ ዝፈጥረሉ። ብሓፈሽኡ ኣሉታውን ኣወንታውን ጸቕጥታት፡ ኣካላውን ስምዒታውን ጸገማት የኽትሉ እዮም። ኣካላዊ ግብረ-መልሲ ንጸቕጢ ኣብ ኣርባዕተ መድረኻት ተኸፊሉ ክርአ ይከኣል።

1. ቅልጡፍ ሰንባደ
2. ግዚያዊ ድኻም
3. ምልምማድ ኣብ ዝተናውሐ ግዜ ምስ ኣካላዊ ሃልኪ
4. ጠቕላላ ሃልኪ (ምስናፍ)

ጸቕጢ ንጡፍን ዘይንጡፍን ተባሂሉ ኣብ ክልተ ይኽፈል። ሰባት ብጻዕቂ

ስራሕ ምስ ዝውጠሩ ኣብ ትሕቲ ንጡፍ ጸቕጢ ኣለዉ ይበሃሉ። ኣብ ስራሕ ዘይተጸምደ ዝሰልከየ ኣእምሮ ድማ ክሳብ ዝነቓቓሕ ኣብ ትሕቲ ዘይንጡፍ ጸቕጢ ይጸንሕ።

ጠንቅታት ጸቕጥን ውጥረትን

እዞም ዝስዕቡ ረቛሒታት ጸቕጢ ውጥረትን ስለ ዘስዕቡ ብግቡእ ተለልዮም ንኣካላዊ ግብረ መልሲ ክግበረሎም ኣገዳሲ'ዩ።

ስእነት (ጥፍኣት)

ስእነት፣ ጥፍኣት፣ ክሳራ ካብ ኩሉ ከልኪሉ ብዛዕብኡ ጥራሕ ክትሓስብ ብምግባር ኣብ ጸቕጥን ውጥረት ኣእምሮን ይሸመና። እነፍቅሮ ክፍለየና ከሎ ወይ ድማ እንደሊዮ ምስ እንስእን ብብርቱዕ ጸቕጢ ጭንቀትን ንሳቐ። እንደሊዮ ምስ እንስእን፣ እምነት ነጉድል፣ ነብስና ነውድቕ፣ መኣዝንና ንስሕት፣ ክብሪ፣ ዝና፣ መቐረት ናብራ ንጸልእ፣ ስእነት ናይ ዝተፈላለዩ ነገራት ዝተፈላለየ ደረጃታት ጸቕጢ ይፈጥር። ንኣብነት ስእነት ስራሕ፣ ክሳራ፣ ካብ ስራሕ ምስንባት፣ ምጥፋእ ንብረት፣ ምዝዛም ናይ ትምህርቲ መደብ… ወዘተ።

ምስልካይ

ብሰንኪ ስእነት ስራሕ ዘይተነቓቕሐ ኣእምሮ፣ ብዘይንጡፍ ጸቕጢ ይሳቐ።

ጸቕጢ ብብዝሒ ስራሕ ዝስዕብ ስለ ዝመስለና፣ እንነጥፈሉ ዘይብልና ኣብ ምስልካይ ከለና፣ ጸቕጢ ዘለና ኣይመስለናን። ብስራሕ ዘይምቑራን ናይ ገዛእ ርእሱ ናይ ኣእምሮ ውጥረት ኣለዎ። ብሓፈሽኡ ወዲ-ሰብ ከም'ቲ ኣብ ህይወት ክኾኖ ዝሓሰቦን ዝምነዮን ስለ ዘይረክብ ብቐጻሊ ኣብ ትሕቲ ጸቕጢ ይነብር።

ኣመለኻኽታ (ኣረኣእያ)

ንሓደ ነገር ክንመሃሮ ምስ እንጅምር ናይ ምልምማድ ሓይልና ይልዕል። እዚ ግን ብቐጻሊ ልምምድ ይቃለል። ንኣብነት ምምራሕ መኪና ክትመሃር ከለኻ፣ ኣእዳውካ ኣብ መምርሒ (ስቴርሶ) ኣቐሚጥካ ኣእጋርካ ዝገብሮ ክትቆጻጸር፣ ምስ ምኽባር ሕግታት ትራፊክ ተደሚሩ ዓቢ ጸቕጢ ይፈጥረልካ። ተጨኒቕካ መምርሒ ብምሓዝ ካብ ዓቐን ንላዕሊ ነዳዲ ትጸቕጥ፣ ዘይቅኑዕ ኣተኣታትዋ ማርሻን ኣጸቓቕጣ ልጓምን ተርኢ። ድሕሪ ቐጻሊ ልምምድ ግን ስነ- ኣእምሮኻ ምስ ኣእዳውን ኣእጋርን ብምውህሃድ ብዘይ ጸገም ነታ መኪና ትመርሓ። እዚ ማለት ምስ ኣብ ከባቢኻ ዝርከቡ ሰባት እናተዛረብካ፣ ሙዚቃ እናሰማዕካ፣ ብዛዕባ ዘለካ መደባት ስራሕ እናሓሰብካን ውጥን እናሓንጸጽካን ድማ መኪና ትመርሕ። እቲ ዕማም ሓደ ዓይነት'ዩ። እቲ ፍልልይ ኣብ ናይ ገዛእ ርእስኻን ኣተሓሳስባን ኣመላልሳን ንነገራት ዝተመርኮሰ'ዩ።

ካልእ ኣብነት ንምጥቃስ ዝኣክል ድማ፡ ወዲ-ሰብ ናይ ትምህርቲ ዕማሙ ዛዚሙ ናብ ናይ ስራሕ ዓለም ክሕወስ ከሎ፡ እቲ ዘይፈልጦ ቀይዲ ስራሕን ኣከባብያዊ ጽልዋን ጸቕጢ ይፈጥረሉ። ነዚ ጸቕጢ፡ ብምትዕርራይን ምልምማድን የወግዶ።

ብስጭት (ተስፋ ምቑራጽ)

ኣብ ልዕሌና ዝፍጸም ነገራት ካብ ቁጽጽርና ወጻኢ ምስ ዝኸውን፡ ኣብ ብስጭትን ተስፋን ምቑራጽን ንኣቱ። መብዛሕትና ኣብ ልዕሊ ህይወትና ምሉእ ምቁጽጻር ክህልወና ንደሊ። እንደሊዮ ምስ'ቲ እንኾኖ ምስ ዘይሳነ ግዳያት ጸቕጢ ናይ ብስጭት ንኸውን። ከምዚ ዓይነት ጸቕጢ ንመብዛሕትኡ ሰብ እቲ ዝኸበደ'ዩ።

ንስምዒታትናን ኣገባብ ኣተኣላልያይ እንተዘይኮይኑ፡ ኣብ ልዕሌና ንዝካየድ ነገራት ክንቅይር ኣይንኽእልን። ንብስጭት ውሕሉል ኣገባብ፡ ለውጢ ኣተኣታቲኻ ናብ ዝሓሸ ምቕያሩ እቲ ዝበለጸ'ዩ። ብስጭት ንዝፈጥረልካ ነገር፡ ርእስኻ ብምንቕናቕ ከም ቅቡል ወሲድካ፡ ንሱ'ዩ እቲ ሓቂ! ነዚ ዘይቅይር ነገር ምቕባሉ ድማ ረብሓ ኣለዎ ኢልካ ንነብስኻ ምእማን፡ ነቲ ብሕርቃን፡ ብብኽያት፡ ቀየቓ፡ ባእሲ… ወዘተ፡ ክስዕብ ዝኽእል ሃልኪ ሓይሊ ከተወግዶ ትኽእል።

ድንገት (ሓደጋ)

ዘፍርሕ ኩነታት ከጋጥመና ከሎ፡ ብጸቕጢ ንወሓጥ። እዚ ብናይ ገዛእ ርእስና ርድኢት ዘፍጠር ጸቕጢ'ዩ። ምኽንያቱ ናትና ኣተሓሳሰባን ኣጠማምታ ንነገራት ስለ ዝውስኖ። ንኣብነት፡ ንመጀመርያ ግዜ ብነፋሪት ዝጓዓዝ ሰብ፡ ነፋሪት ተመኪሮ ስለ ዘይብሉ፡ ነፋሪት ክትበርር ምስ ጀመረት፡ ልቡ ብቕልጡፍ ክትሃርም ትጅምር፡ ይርህጽ ብፍርሒ ድማ ይወሓጥ። ድሕሪ ተደጋጋሚ ጉዕዞ ግን ክሃድእ ይጅምር። ደቂ-ሰብ ንዘፍርሑ ዝበሃሉ ነገራት ሓደ ዓይነት ኣጠማምታን ኣረዳድኣን የብሎምን። ንሓደ ሓደገኛ ኮይኑ ዝስምዖ ነገር ንኻልእ ፍሊይ ተመክሮ ዝህብ ኮይኑ ክስምዖ ይኽእል'ዩ። ሓደ ሓደ ሰባት ዓለም ብዘፍርሕ ነገራት ጥራሕ ዝተኸበት ኮይና ስለ እትስምዖም፡ ኩሉ ግዜ ኣብ ተጠንቀቕ ይነብሩ። ከምዚ ዓይነት ኣተሓሳሰባ ድማ ጸቕጢ ይፈጥር።

ኣካላዊ ጸቕጢ

ቃንዛ፡ ሕማም፡ ስንክልና ብቐጻሊ ውሽጣዊ ጸቕጢ ይፈጥር። እዚ ድማ ንነገራት ንምልምማድ ካብ ድሩት ዓቕሚ ምህላው ዝብገስ'ዩ። ኣብ ትሕቲ ቀጻሊ ኣካላዊ ጸቕጢ ዝነብሩ ሰባት ብምልምማድ ዝኣክል ንዘለዎም ጸቕጢ ይርስዑ'ሞ፡ ተወሳኺ ዕዮ ብዘይምፍጻሞም ገበን ዝፈጸሙ ኮይኑ ይስመዖም። ካልኦት'ውን ናቶም ስንክልና ወይ ቃንዛ ረሲዖም ብናይ ካልእ ሰብ ይጭነቑ። ብዘይካ'ዚ ኣቐዲሙ ዝተጠቕሰ ጠንቂ ኣካላዊ ጸቕጢ፡ ብልዑል ድምጺ ዝተበከለ ኣከባቢ'ውን ሕማቕ ሳዕቤን ዘኸትል ኣካላዊ ጸቕጢ ይፈጥር 'ዩ።

ለውጢ ኣብ መንባብሮ

ሽሕ'ኳ ብዙሓት ኣብ መነባብሮና እንተኣታትዎም ለውጥታት ሓጐስ ዝፈጥሩልና እንተኾኑ፡ ንምልምማዶም ጻዕሪ ስለ ዝሓቱና፡ ጠንቂ ጸቕጢ ይኾኑ። ገለ ካብ ናይ መንባብሮ ለውጥታት ኣብነታት ንምጥቃስ መርዓ፡ ሓድሽ ዝተወልደ ህጻን፡ ሓድሽ ገዛ፡ ሓድሽ ስራሕ፡ ፍትሕ፡ ዝያዳነት፡ ስራሕ ምቁራጽ፡ ዓውደ-ዓመት፡ በዓላት፡ ለውጢ ናይ ስራሕ ሓላፍነት፡ ለውጢ ባህሪ ኣመጋግባ፡ ለውጢ ናይ ድቃስ ሰዓታት... ወዘተ።

ንኣብነት ልክዕ ከም'ቲ ኣብ መቆጻጸሪ መስመር ኤሌክትሪክ ንሓይሊ ዝቆጻጸር "ፍዩዝ" ምስ ምውሳኽ ሓይሊ ዝሓርር፡ ኣካላትና'ውን ናቱ መቆጻጸሪ ከም ፍዩዝ ኮይኑ ዘገልግል ስለ ዘለዎ ካብ ዓቕምና ንላዕሊ ጸቕጢ ክንጻወር ምስ እንፍትን "ፍዩዝ" ነሕርር። ከም'ቲ ናይ ለባማት ኣበሃህላ "እታ ናይ መወዳእታ ቃንጫ'ያ ነታ ገመል ሕቖኣ እትሰብራ" ዝበሃል፡ ንዓና'ውን ሓንቲ ዘይትረብሕ ንእሽቶ ተወሳኺት ጸቕጢ'ያ ሕማቕ ሳዕቤን ተኸትለልና።

ስለ'ዚ ብተወሰኸቲ ጸቕጥታት፡ ንቡር ጥዕና ዝመልአ ህይወትና ከይንስሕት ንተደራረቢ ጸቕጥታት ኣይፋል ክንብል ምሉእ ሓላፍነት ከም ዘለና ክንዝንግዕ የብልናን።

ቴክኖሎጂ ዝወለዶ ምዕባሌን ዘስዕቦን ጸቕጥን

ሳልሳይ ምዕራፍ
ባህሪ ጸቕጢ

ንነብስኻ ማዕረ ክንደይ ኣስፌሕካ፡ ኣጸቢ.ቕካ ትፈልጣ? እዛ ሕጂ ኣብ'ዚ ምዕቡል ዘመን ብቴክኖሎጂ ተኸቢ.ባ እትርከብ ነብሲ፡ ቀደም ዘመን ኣብ በዓቲ'ያ እትነብር ነይራ። ብሓሳብ ንድሕሪት ተመሊ.ስካ፡ ከም ተቐማጢ. በዓቲ'ሞ ኩን፡ እንታይ ዓይነት መነባብሮ ኢ.ኻ ክትመርሕ? ነብስኻ ንዘጓንፉ ብድሆታት ብኸመይ'ያ መልሲ. ትህበሉ? ንነብስኻ ካብ እንታይ ኢ.ኻ ትከላኸለላ? እንታይ ዓይነት ዓቕምን ፍጥነትንከ የድልየካ? ንኣብነት ከም ተቐማጢ. በዓቲ መጠን ሓደ መዓልቲ ምስ ነብሪ ፊት ንፊት ተራኺ.ብካ ተፋጢ.ጥካ ንበል። እንታይ ምገበርካ? ክልተ ምርጫታት ኣለካ። ዓቕሚ እንተለካ ክትገጥሞ ከምዚ. ከማይ እንተኾይንካ ድማ ክትሃድም። ነዚ. ክልተ ዝተጠቕሰ ምርጫታት ክትፍጽም ዝለዓለ ናይ ጭዋዳታት ሓይሊ. ይሓትት። ኣካላትካ ኣብ ናይ ምቅላስ ወይ ድማ ኣብ ናይ ምህዳም ጸቕጢ. ይኣቱ። ኣካላትካ ነዚ. ዘጓነፎ ሓደገኛ ኩነታት ንምብዳህ ዘኽእልዎ ኣካልዊ መልስታት ነዞም ዝስዕቡ የጠቓልል፦

- ህርመት ልቢ. ይልዕል፡
- ጸቕጢ. ደም ይልዕል፡
- ደም ናብ ዓበይቲ ጭዋዳታት ብብዝሒ. ይውሕዝ፡
- ምስትንፋስ ናህሪ ይውስኽ፡
- ካብ ኣፍልብኻ ንላዕሊ. ምስትንፋስ ትንፋስ ይሓጽረካ፡
- ኣፍ ይነቅጽ፡
- ይጽልኣካ/ትሓምም፡
- ክትሸይን ትደሊ፡
- ጭዋዳታት ይግተሩ፡
- ትርሀጽ ብፍላይ ኣብ ከብዲ እግሪ፡

- ጸጉሪ ኣካላትካ ኣቖንዕ፡
- ሽኮርን ስብሕን ብብዝሒ ናብ ደምካ ይውሕዝ፡

ኩሉ'ዚ ዝተጠቕሰ ንጥፈታት፡ ደም ካብ ሰናቡእ ናብ ኩሎም ዓበይቲ ጭዋዳታት ተወሳኺ ኦክስጅን ንምብጻሕ ዝሕግዝ'ዩ። ኣብ ጭዋዳታት ዝበጽሐ ኦክስጅን ምስ'ቲ ናብ ደም ዝወሓዘ ሽኮር ማለት ካርቦሃይድረይት ብምቅጻል፡ ኣካላትና ንምቅላስን ምህዳምን ዝጥቀመሉ ሓይሊ ይህብ። እቲ ዝምጬ ሓይሊ፡ ኣብ'ቲ ናይ ምቅላስ ወይ ምህዳም ተግባር ንምውሳእ ጥራሕ ይጥቀመሉ። ካልእ ክፍሊ ኣካላትና ንግዚኡ ንጥፈታቱ የዛሕትል። ሕጂ ኣብ'ዚ ምዕቡል ዘመን ግን መዓስ ኢኻ ምስ ነብሪ እትተፋነን? ኩሉ ግዜ! ግን ብዝተፈላለየ መልክዕ። ንኣብነት ብመኪናኻ እናተጓዓዝካ ቀጸራ ንኸተርክብ እናተሃንደድካ ካልኦት ከማኻ ዝኣምስሉ ንመንገድኻ መሊኦሞ ይዓግቱኻ፡ ዓቕልኻ ይጸበካ ስነ-ኣእምሮኣውን ጸቕጢ ትፈጥር። ናይ ክራይ ገዛ፡ ኤሌክትሪክ፡ ተሌፎን፡ ተለቭዥን፡ መምሃሪ ንደቕኻ፡ ክዳን፡ መድሃኒት… ወዘተ ክትገብሮ ዘለካ ወጻኢታት ጸቕጢ ይፈጥረልካ። እዚ ናይ'ዚ ምዕቡል ዘመን ነብሪ ከም'ቲ ናይ ቀደም ብሓይሊ ዝሰዓር ኣይኮነን። ስለ'ዚ እቲ ኣካላት ብቐጻሊ ኣብ ትሕቲ እናዛየደ ዝሓድር ጸቕጢ ይርከብ።

ኩሉ ዓይነት ጸቕጢ ኣካላዊ ባህሪ የብሉን። ሓደ ሓደ ሰባት ዓለም ሓደገኛ፣ ንምምንባራ ኣጸጋሚት ኮይና ስለ እትስምዖም ህይወቶ ብምሉእ ብቓልሲ የሕልፍዎ። ኩሉ ግዜ ድማ ኣብ ተጠንቀቕ ይርከቡ። እዚ ድማ ንቡር መለለዪ ባህሪኦም ይኸውን። እዞም ከም'ዚ ዓይነት ባህሪ ዘለዎም ሰባት፣ ዋላ እቲ ነብሪ ኣብ ቅድሚኦም ኣብ ዘይህልወሉ እዋን ንኽቃለሱ ወይ ክሃድሙ ኩሉ ግዜ ድልዋት ስለ ዝኾኑ፣ ብዘይተኣደነ ጸቕጢ ይሳቐዩ።

ዓለም ናይ ገዛእ ርእሳ ሕጊ ስለ ዘለዋ ተጨኒቕካ ክትቅይሮ እትኽእል ነገር ድሩት'ዩ። ኣተሓሳስባኻ ብምቁጽጻር፣ ንለውጢ ምቕባል እቲ ዝሓሸ ኣማራጺ እዩ።

ኩሉ ግዜ ኣብ ተጠንቀቕ ምንባር ብኸመይ ይጸልወና?

ንኻልኦት ሰባት ብምዕዛብ ብዙሕ ክንመሃር ንኽእል። ሓደ ሓደ ሰባት ኩሉ ግዜ ኣብ ጭንቀት ብምህላዎም ብዘርአይዎም ንጥፈታት ማለት ኣበሃህልኦም፡ ኣካይድኦም፡ ምንቅስቓስ ኣእዳዎም፡ ኣብ ገጾም ዝርአ ምልክታት፡ኣመጋግብኦም፡ ኣዘራርብኦም፡ ድምጺ ቃላቶም፡ ወዘተ እኹል ሓበሬታ ይህቡና።

ምስ ከምዚኦም ዓይነት ሰባት ምንባር፡ ኣብ ልዕሌኻ ባህርያቶም ከም ዝንጸባረቕ ይገብረካ። ተጨኒቕካ ብታህዋኽ እትፍጽሞ ዕማም፡ ጌጋታት ኣብ ርእሲ ምብዛሕ ጽፈት ይጎድሎ። ኩሉ ግዜ ሓንቲ ስም “ኣብ ኣፈይ ከላ” ምዝካር ኣብያትኒ ንብል። እታ ስም ኣብ ሓንጎልና ኣላ ግን ተጨኒቕና ከለና ክነድምጻ ኣይንኽእልን፡ ካብ ዉጥረት ምስ ኣዕረፍና ግን ብቐሊሉ ንዝክራ። ንነገራት ተጨኒቕና ከለና ክንጥምቶም የብልናን። ህይወት፡ ሓጐስ፡ ጸወታ፡ ስሓቕ ስለ እትውንን'ዉን ክንብለጸላ ኣለና። ዓለም ብሸግርን ዕንቅፋትን ዝተኸበት ዘይኮነት ብፈተነታትን ኣደነቕቲ ጉዕዞታት ህይወትን ዝተመልአት'ያ። ኣብ ልዕሌና ዝፍጸም ነገራት ክንልውጥ ዓቕሚ የብልናን፡ ንስሚዒታትናን ባህርናን ክንልውጥ ግን ሙሉእ ሓይልን ዓቕምን ኣለና።

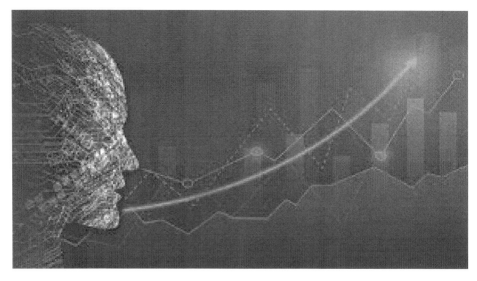

ምዕባለ ብትሕዝቶ ጥራሕ ዘይኮነ ብኣተሓሳስባ'ውን ክስነ ኣለዎ።

ግዳይ ጸቕጢ ምኳን።
ስለምንታይ?

ለውጥታትን ጸቕጥታትን ብናይ ብሕታዊ ኣረዳድኣን መንገድን ጥራሕ ኢና ንርድኦም። ድሕሪ ባይታ፡ ኣተዓባብያ ህሉው ኩነታት...ወዘተ ንጸቕጢ ካብ ብጾትካ ብዝበለጸ ንኽትጻወርን ንኽትምክቶን ይሕግዝ። ወዲ-ሰብ ኣብ ርእሲ'ቲ "ምልምማድ ንለውጢ" ዝበሃል ዘማዕብሎ ባህሪ፡ ብተፈጥሮ ሒዝዎ ዝውለድ ናቱ ፍሉይ ባህሪ ኣለዎ። ኣብ ሓደ ስድራቤት ዝውለዱ ቆልዑ፡ ኣቲ ሓደ ህዱኣን ዘይበክን ክኸውን ከሎ ኣቲ ካልአ ግን በኻዩ፡ መዕገርገሪ ክኸውን ይኽእል። ኣቲ ውልቃዊ ጠባይ ምስ ኣተሓሕዛን ኣተዓባብያን ወለድን ኣከባብን ተደሚሩ፡ ሰባት ዝተፈላለየ ባህሪ ንኽህልዎም ይሕግዝ። ገለ ካብ'ቲ ሰባት ዘማዕብልዎ ባህሪ ድማ ንጸቕጢ ብቐሊሉ ዝቃላዕ ዓይነት ይኸውን። ንጸቕጢ ብቐሊሉ ዝቃላዕ ዓይነት ባህሪ ዘለዎ ሰብ፡ ርእሰ-ተኣማንነት ዘይብሉ፡ ብዛዕባ ዝብሎን ዝገብሮን ዝጠራጠር፡ ክኸውን ይኽእል። ከምዚ ዓይነት ባህሪ በዞም ዝስዕቡ ዓይነት ሰባት ክግለጽ ይከኣል።

ጭኑቓት ዓይነት ሰባት

ጭኑቓት ዓይነት ሰባት ንኣሉታዊ ስምዒት ኣፎም ከፊቶም ክገልጹ ስለ ዘይክእሉ፡ ዋላ ካብ ዓቕሞም ንላዕሊ እናሓተቱ "ኣይፋል" ክብሉ ኣይክእሉን። ኣቲ ንመሰሎምን ንነብሶምን ንኸይጣበቑ ጸቕጢ ዝፈጥረሎም ሓይሊ፡ ካብ ግዜ ቁልዕነቶም ዘማዕበልዎ፡ ዕማምካ ብኑጹር ዘይምፍላጥ ወይ'ውን ኣይፋል ምባል ህቡብነትን ተቐባልነትን ዘጉድል ኮይኑ ስለ ዝስምዖም ክኸውን ይኽእል። ስምዒቱ ደጕሉ፡ ድልየት ሰባት ዘርዊ ካብ ግዳይ ዘይተኣደነ ጸቕጢ ሙኳን ሓሊፉ ዝረኽቦ ረብሓ የብሉን። ጭኑቓት ሰባት ኣብ ዘየዕውቶም ስራሕ ይዋፈሩ፡ ብብስጭትን ምስልካይን ድማ ተሰፋ ይቖርጹ።

ዘዘውትርዎ ቃላት፡-

- ሰባት ይብለጹለይ ኣነ ግን ክቃወሞም ኣይክእልንየ።
- ካብ ዘይፈልጦ መልኣኽ ዝፈልጦ ጋኒን ይሕሸኒ።
- ድልየተይ ንሰባት ክገልጽ የሸግረኒ ምኽንያቱ ስስዐ ኮይኑ ስለ ዝስመዓኒ።
- ዋላ ብጻየይ እንተተጋገየ፡ ኣነ እየ ይቕሬታ ዝሓትት።

- ማሕበራዊ ይኹን ሞያዊ ተበግሶ ምውሳድ የጸግመኒ።
- ስሚዒተተይ ብፍላይ ኣሉታዊ ስሚዒት ከም ሕርቃን፡ ምርባሽ ካብ ሰባት እሓብእ።
- ኣነ ዝደልዮ ረኺበ ኣይፈልጥን።
- ቆየቛ ዋላ ኣብ ሞንጎ ካልኦት ሰባት'ውን ይኹን ኣዝየ'የ ዝጸልእ።

ሙሉእነታውያን (ፍጹማት) ንክኾኑ ዝቃለሱ

ሙሉእነታዊ ንኹሉ ነገር ብትኽክል ኣብ ግዚኡ ክትግበር ይደሊ። ተደጋጋሚ ልሙድ ኣሰራርሓ ቀንዲ መምርሒ ሙሉእነታዊ ዝዓይነቱ ሰብ'ዩ። ጌጋ ምጽዋር ዝበሃል የለን። ወላ ኣብ ኣገዳስነት ዘይብሉ ስራሕ ቀሊል ጌጋ ምስ ዝፍጸም፡ እቲ ስራሕ ከምብሓድሽ ክደግም ኣለዎ። ከምዚ ኣይነት ኣሰራርሓ ኣብ ሂወት ከገልግል ዝኽእል፡ እቲ ዓይነት ስራሕ ዘይልወጥ'ሞ ኣቐዲምካ እትፈልጦ ምስ ዝኸውን ጥራሕ'ዩ። ሙሉእነታውያን ትጉሃትን ጻዕረኛታትን'ዮም ግን ንግዜ ሓደጋን ለውጥን ዕጡቓት ኣይኮኑን። ንለውጢ ምቅባልን ምልምማድን ዘለዎም ዓቢ ሽግር ምስ'ቲ ዘይነጽፍ ሓቦኦም ተጻሪሩ ግዳያት ዘይተኣደነ ጸቕጢ ይገብሮም። ነገራት ንምትግባር ዝሓሸ ኣማራጺ እናሃለወ፡ ንናኣሸቱ ነገራት ምሉእነት ንምልባስ ግዚኦም የጥፍኡ።

ዘዘውትርዎ ቃላት፦

- ኩሉ ነገር ክምኡ ክኸውን'የ ዝደሊ።
- ንዝኾነ ስራሕ (ዕዮ) ብውጥን ሒዘ ናብ'ቲ ዝለዓለ ብቕዓት ኣብጽሖ።
- መዓልታዊ ንጥፈታተይ ክዕንቀፈኒ ኣጸቢቐ እጸልእ።
- ነገራት ከምቲ ዝኾንዎ ዝግባእ ምስ ዘይኮኑ እሓርቕ።
- ዝጀመርክዎ ስራሕ ኣብ መፈጸምታ ክይበጽሐ ዘቋርጸኒ ኣይፈቱን'የ። ስርሐይ ወዲአ ጥራሕ'የ ክዕርፍ ዝኽእል።
- ዕቱቡነተይ ኩሉ ግዜ ድሕሪ ሰብ የትርፈኒ።
- ኩሉ ግዜ ንነብሰይ ኣብ ሕሉፍ፡ ነገራት ብዝበለጸ ምፈጸምኩዎም ብምባል እወቕሳ።
- ኣብ ስርሐይ ዋላ ዘይትጠቅም ጌጋ ምስ ዝፍጽም እቲ ስራሕ ብሙሉእ ክደግሞ ኣለኒ።

ድፍኢታውያን ዓይነት ሰባት

ድፍኢታውያን ዓይነት ሰባት፡ ብኹነትት ተተባቢያም ሳዕቤኑ ብዘየገድስ ኣብ ህይወት ቀራጽ ስጉምቲ ዝወስዱ እዮም። ኣብ ናይ ጸወታ ይኹን ንግዲ ዓለም ዓይኖም ዓሚቶም ይቋመሩ። ከምዚኦም ዓይነት ሰባት ኣብ ልዕሊ ዝጀመርዎ ንጥፈት ሓጺር ትጽቢትን ግንዘባን ስለ ዘለዎም፡ ትጽቢቶም ምስ ዘይዕወት፡ ቀልጢፎም መደብ ይልውጡ። ድፍኢታውያን ዓይነት ሰባት፡ ዘለዎም ትሕዝቶ ሃብቲ ኣዋፊሮም ኣብ ሓጺር እዋን ትሕዝቶ ዘኻዕብት ዓይነት ስራሕ ይደልዩ። ድፍኢታውያን ንዝሓደሮም ናይ ትጽቢት ወጥሪ ከም ጠቓሚ ጸቕጢ ይርእይዎ።

ኣእምሮኦም ኣብ ክንዲ ምጭናቕ፡ ካልእ ኣማራጺታት ኣብ ምንዳይ ይጋልብ በዚ ምኽንያት ድማ ብዙሕ ከትክኹን ክሰትዩ ይረኣዩ። ኣብ ድፍኢታውያን ሰባት ዝርአ ምልክት ጸቕጢ ኣካላውን ስነ-ኣእምራውን ዘይኮነ፡ ነገራት ናይ ምሕሳም ባህሪ ዘለውዎም። ንኣብነት ሓደ ነጋዳይ ምስ ዝኸስር፡ ኣብ ክንዲ በቲ ዘጋጠሞ ዝጭነቕ፡ ነቲ ዓይነት ንግዲ ኣይቅጽሎን።

ዘዘውትርዎ ቃላት፡-

- ብቀሊሉ ነገር ኣብ ምስልካይ ይበጽሑ።
- እቲ እንኮ ከማዕብለካ ዝኽእል ወላ እንተታት እንተሃለዎ ብዘይ ምፍራሕ ምፍታን።

- ሓደ ዕማም ክሳብ መፈጸምታኡ ምክትታል እጸልእ።
- ብዛዕባ ደቀቕቲ ነገራት ምጽብጻብ እጸልእ።
- ሓደ ዓይነት ተደጋጋሚ ስራሕ ዘለዎ ኣከባቢ ኣይፈቱን።
- ኣብ ሓደ ቀዋሚ ዝምድና ምእሳር ሓደ ካብ ዘይድግፎ'ዩ።
- ስርሐይ ቅድሚ ዉልቃዊ ዋኒነይ'ዩ ዝሰራዕ።
- ኩሉ ግዜ ብዛዕባ ሓደስቲ ፕሮጀክታት (መደባት ዕዮ) ይሓስቡ።

ህንጡያት ዓይነት ሰባት

ህንጡይ ዝዓይነቱ ሰብ፡ ሓርፋፍ ጠባይ ዘለዎ ኮይኑ ምሉእ ሓይሉ ናብ ስርሑ ዘቕንዕ'ዩ።ንማሕበራዊ ህይወትን ምዝንጋዕን ግዜ ዘይብሉ ሃሙን ቀልቡን ስራሕ'ዩ። ህንጡያት ናይ ምርድዳእ ጸገም ኣለዎም። ንነብሶምን ካልእ ኣካልን ብጥብቂ ስለ ዝከታተሉ ነገራት ከም ዝመደብዎም ምስዘይከዱ ብቐሊሉ ይሓርቑ።

ኮፍ ኢሎም ክሰርሑ ዓቕሊ የብሎምን፡ ብቐጻሊ ይንቀሳቐሱ፡ ኣብራኾም ይወዛወዙን ኣጻብዕቶም ይጨባብጡን። ኣብ እዋን ልዝብ ጽን ኢሎም ኣይከታተሉን ምኽንያቱ ብዛዕባ ዝሰዕብ መደባቶም ስለ ዝሓስቡ። ህንጡያት ሰባት ንኹሉ ኣብ ኣከባቢኦም ዘሎ ክቆጻጸርዎ ስለ ዝህቅኑ፡ ኣብ ገዛእ ርእሶም ኣካልውን ስነ-ኣእምሮኣውን ጸቕጢ ይፈጥሩ። ኣብ ትሕቲ ጸቕጢ ምህላዎም ስለ ዘይፈልጡ፡ ከም ሳዕቤን ሕማም ልብን ጸቕጢ ደምን የማዕብል።

ዘዘውትርዎ ቃላት፡-

- ንኩሉ ዝሰርሖ ብዕቱብ እተሓሓዞ።
- ኩሉ ዝጀመርክዎ ኣብ መፈጸምታ እበጽሖ።
- ዝኾነ ነገር ገዲፈ ምሉእ ትኹረት ንስርሐይ እህብ።
- መብዛሕትኡ እዋን ብብዝሒ ስራሕ ዝኣክል ምምጋብ እርስዕ።
- ንጥፈታተይ ብጹሑፍ ሰሪዐ ምስ ምስ ዝሕዝ ጥራሕ'የ ዝሕጉስ።
- ምስ ስርሐይ ብዝተኣሳሰር እንተዘይኮይኑ ንማሕበራዊ ህይወት ግዜ ዝበሃል የብለይን።
- ካብ ስራሕ ክፍለ ኣይክእልን'የ።
- ሓደ ስራሕ ምስ ዛዘምኩ ብቐጥታ ካልእ ስራሕ እጅምር።

ኣብ ላዕሊ ብሕጽር ዝበለ ተጠቒሱ ከም ዘሎ፡ ኩሎም ግዳይ ጸቕጢ ዝኾኑ ዓይነት ሰባት፡ ናይ ሓባር መለለዪ ባህሪኦም ፍርሒ'ዩ። ንኣብነት ጭኑቓት ዝና ከይስእኑ፡ ከምዘይተሓጋገዙ ከይጥምቱ ይፈርሑ። ፍጹማት ክኾኑ ዝፍትኑ ዓይነት ሰባት፡ ከም ተራ ሰብ ጥራሕ ከይኮኑ ይሰግኡ፡ ድፍኢታውያን ምትብባዕ ከይስእኑ ይፈርሑ፡ ህንጡያት ድማ ቀንዲ ፍርሖም ኣብ ዓወት ከይበጻሓካ ምትራፍ'ዩ።

ዋል'ኳ ንሓደ ካብ'ዚ ዓይነት ባህርያት ከተማዕብል ብባህርይ ምሳኻ ዝውለድ ድርኺት እንተሃለወ፡ ኣከባብን ኣተዓባብያ'ውን ኣብ'ዚ መዳይ ዓቢ እጃም ኣለዎ።

ጽልዋታት ጸቕጢ

ተመራመራይ ዶ/ር ጆርጅ ኣንገል ኒውዮርክ ዝሃቦ ገምጋም። ዘጋጥመካ ነገራትን ዝፈጥሮ ጸቕጥን

1	ሞት በዓልቲ ቤት	100%
2	ፍትሕ	73%
3	ምእታው ቤት ማእሰርቲ	63%
4	ሞት ቀረባ ዘመድ	63%
5	ዉልቃዊ ሕማም/ማህሰይቲ	53%
6	መርዓ	53%
7	ምፍሕፋሕ	50%
8	ጥሮታ ምውጻእ	45%
9	ሕማም ኣብ ውሽጢ ቤተሰብ	45%
10	ጥንሲ	44%
11	ጸገም ጾታዊ ርክብ	40%
12	ሓድሽ ጋሻ ናብ ቤተሰብ ምሕዋስ	39%
13	ለውጢ ኣብ ስራሕ	39%
14	ቁጠባዊ ሽግር	39%
15	ሞት ቀረባ ዓርክኻ/መሓዛ	38%
16	ብዝሒ ዕዳ	37%
17	ወድኻ ወይ ጓልካ ካብ ገዛ ምውጻእ	31%
18	ዓቢ ውልቃዊ ምዕባለ	29%
19	ምጅማርን ምውዳእን ትምህርቲ	26%
20	ለውጢ መነባብሮ	25%
21	ልምድኻ ምቕያር	24%
22	ግርጭት ምስ ሓለፊ	23%
23	ሰዓታትካን ኣሰራርሓኻን ምቕያር	20%
24	ገዛ ምቕያር	20%
25	ትምህርቲ ምቕያር	20%
26	ለውጢ ኣብ ጾታዊ ርክብካ	18%
27	ለውጢ ሰዓታት ድቃስ	16%

28	ናይ መግብታትካ ለውጢ	15%
29	መገሻ	13%
30	በዓላት/ከም ልደት ሓድሽ ዓመት	12%

ድምር ሚእታዊት	ሳዕቤን /ጸቕጢ/
150 – 199	ደሓን
200 – 299	ማእከላይ
300 /ንላዕሊ/	ሓደገኛ

ጸቕጢ ዘቃልል ፎኪስ ዘቤታዊ ኣካላዊ ምንቅስቓስ

መብዛሕትኦም ኣብያተ ጽሕፈት ወይ ድማ ኣብ ናይ ውልቀ-ዋኒን ትካል ኮፍ ኢሎም ዝሰርሑ ሰባት ብዙሕ ኣካላዊ ምንቅስቃስ ስለ ዘየዘውትሩ እሞ መብዛሕትኡ ስርሖም ብኣእምሮ ጥራይ ስለ ዝካየድ ብርቱዕ ጸቕጢ ይፈጥረሎም። ስነ-ኣእምሮኣዊ ጸቕጢ ነዝዒ ሆርሞን ስለዘኸትል ነዚ ድማ ኣካላት ብግቡእ ምስዘይጥቀምሉ ጠንቂ ዝተፈላለየ ሕማማት ይኸውን። ነዚ ንምውጋድ ኣካላውን ስነ-ኣእምሮኣውን ምምዕርራይ የድሊ። እዚ ድማ ኣካላዊ ምንቅስቓስ ክትገብር ይከኣል። እዚ ድማ ብኣካላዊ ምንቅስቓስ ንኽገብር ግዜ የብለይን፣ ዕጥቂ የብለይን፣ ኣይጥዕመንን እዩ፣ ቁሪ ኣሎ፣ ዝናብ ኣሎ፣ ቅቡል ምኽንያት ክኸውን ስለዘይክእል ኣብ ዝኾነ ቦታ ኮይንካ ፎኪስ ዘቤታዊ ኣካላዊ ምንቅስቓስ ክግበር ይከኣል

ራብዓይ ምዕራፍ

ነብሰ ተኣማንነት

ነብሰ-ተኣማንነት ካብ ምንታይ'ዩ ዝምንጩ? መልሲ ናይዚ ግድል ኣዚዩ ቀሊልን እዩ። መበቀል ነብሰ ተኣማንነት ኣብ ውሽጥና ዝርከብ ዘይተኣደነ ሓይልን ፍቕርን ንኽንኮኖ እንደሊ ዘክእለና ከምዘለና ምፍላጥ'ዩ። ብቕዓትን ክእለትን ከምዘለካ ምስ እትፈለጥ ነብሰ-ተኣማምነት ተሕድር። እቲ ሽግር ነዚ ብቐጻሊ ስለ እንዝንግዖ እዩ። ኣካልና ብክልተ ተጻረርቲ ዝቐመ'ዩ። ላዕለዋይን ታሕተዋይን ደረጃ ስምዒታት ኣካላት ድማ ይበሃሉ። ላዕለዋይ ደረጃ፡ ስምዒት ናይ ሓጐስ፡ መሃዝነት፡ ቀጻልነት፡ ሰላም፡ ሓይሊ፡ ፍቕሪ ከምኡ'ውን ብኹሉ ጽቡቕ ነገራት ዝተመልአ ክኸውን ከሎ ታሕተዋይ ደረጃ ግን ብስምዒት ምጥርጣር፡ ፍርሒ፡ ሕርቃን፡ ተስፋ ምቑራጽ፡ ስእነት ከምኡውን ብኹሉ ኣሉታዊ ነገራት ዝተመልአ'ዩ። ላዕለዋይ ኣካል ምስ ዝዕብልል፡ ነብሰ-ተኣማንነት ይዓቢ ኩሉ ኣብ ዓለም ዝካየድ ንጥፈታት ድማ ከም ቁኑዕ ትርድኦ። ታሕተዋይ ደረጃ ክዕብልል ከሎ ግን ነብሰ- ተኣማንነት ይጠፍእ ኩሉ ነገር ድማ ብጌጋን ጎደሎን ይትርጎም።

ላዕለዋይን ታህተዋይን ደረጃ ኣተሓሳስባ

ኣተሓሳስባኻ ብሙሉኡ ብዛዕባ ሓጐስ፡ መሃዝነት፡ ገምራ፡ ፍቕሪ፡ ሰላም፡ ከምኡ'ውን ብዛዕባ ጽቡቕ ጥራይ ኣንተደ ደኣ ኮይኑ፡ ላዕለዋይ ኣካል ኣተሓሳሰባ ኣለካ ማለት'ዩ። ብኣንጻሩ ግን ኣተሓሳሰባኻ ብፍርሒ፡ ሕርቃን፡ ተፋ ምቑራጽ፡ ስኣነት ከምኡ'ውን ብኹሉ ኣሉታዊ ነገራት ዝተመልአ እንተጽኣ ኮይኑ ናይ ታሕተዋይ ኣካል ኣተሓሳሰባ ስለ ዝኾነ ናብ ላዕለዋይ ደረጃ ዘሰጋግር መንገዲ ኣብ ዝስዕብ ክፋል ናይዚ ጽሑፍ ተመልከት።

ብመጀመርያ ንነብሰ-ተኣማንነት ዘጥፍኡ ነገራት ምልላይ ልዕሊ ዝኾነ

ነገር ሓጋዚ'ዩ። ንፋዕ ኣይኮንኩን፡ ነዚ ክትግብር ዓቕሚ የብለይን! ክዕወት ኣይክእልን'የ! ኩሉ ሰብ ካባይ ዝበለጸ'ዩ! ምባል ነብሰ-ተኣማንነት ከም ዘጠፍአ ኣይትዘንግዕ። ነዞም ዝተጠቕሱ ስሚዒታትን ኣበሃህላታትን ምስ ተለልዮም፡ ናብ ላዕለዋይ ኣካል ንኽትሰጋገር ዝኽልክለካ ሓይሊ የለን። እትዛረቦ፡ እትሓስቦ፡ እትጽሕፎ ኣወንታዊ ምስ ዝኸውን ብኹሉ መዳያት ሓያል ይገብረካ ማለትኣካላውን፡ ስነ-ኣእምሮኣውን ሓይሊ ይፈጥረልካ። ንኹሉ ኣብ መስርሕ ህይወት ዘጋጥመካ ተርእዮታት ብኣወንታዊ ኣተሓሳስባ ቅኑዕ ምኺኑ እመን። ዋላ ነገራት ከምዝደለኻዮም እንተዘይከዱ ንኹሉ ነገር ምኽንያት ከም ዘለዎ ፈሊጥካ፡ ካብኡ ከም እትመሃርን እትዓብን ፍለጥ። ንኹሉ እንተታት ከም እትምክቶ ንነብስኻ ኣረጋግጸላ። ንኣብነት እንተሓመምኩ ኸ? ገንዘበይ እንተጠፍአ ኸ? ንዝብሉ ኣተሓሳስባታት፡ ክትብድሆም ምኺንካ ኣወንታዊ ርድኢት ምስ ተዕቢ፡ ኣብ ህይወት ንዘጋጠመካ ነገራት ብዓወት ከም እትብድህ ኣይትጠራጠር። ኣእምሮና ብኣወንታዊ ኣተሓሳስባ ተጸሊዩ ምስ ዝዓቢ፡ ላዕለዋይ ደረጃ ኣተሓሳስባና እናዓበየ ይመጽእ ታሕተዋይ ደረጃ ድማ በንጻሩ እናሃሰሰ ይኸይድ። ላዕለዋይ ደረጃ ኣተሓሳስባኻ ሓይልን ፍቕርን ከም እትድልብ ስለ ዝገብረካ፡ ጥዑያት ሰባት ናብ ከባቢኻ ንኽትስሕብ የኽእለካ። ንላዕለዋይ ደረጃ እመን ምኽንያቱ ዘፍርሕ ነገር ከምዘይብልካ'ዩ ዝነግረካ፡ ታሕተዋይ ደረጃ ግን ብፍርሒ ተዋሒጥካ ነብሰ ተኣማንነት ከም ተጥፍአ ይገብረካ። "እወ" ምስጢር ሓዘል ቃል'ያ። ሕጂ፡ ርእስኻ ቀስ ኣቢልካ ንላዕን ታሕትን እናንቕነቕካ፡ "እወ" ምስጢር ሓዘል ቃል'ያ። ሕጂ፡ ርእስኻ ቀስ ኣቢልካ ንላዕልን ታሕትን እናንቕነቕካ፡ "እወ!" በል።

"እወ" ቃል ጥራሕ ኣይኮነትን፡ ቀንዲ መኣዛ ናይ ላዕለዋይ ደረጃ ኣተሓሳስባ'ያ። ትርጉማ ድማ "ሽግር የለን" ኣብ ህይወት ዝጓንፈኒ ብዘየገድስ፡ ካብኡ ተመክሮ ወሲደ ዝሓሸ ውጽኢት ክረኽበሉ'የ ማለተይ'ዩ።

"እወ" ምባል ማለት ንኣሉታዊ ስምዒት ከም ፍርሒ፡ ቃንዛ ምኽሓድ ማለት ኣይኮነን። ኣሉታውዊ ስምዒት ኣብ ህይወት ከጋጥሞ ናይ ግድን ስለ ዝኾነ፡ ንቓንዛ ምፍላጥ ነቲ ጥዑይ ህይወት ኣጸቢቑ ሓጋዚ'ዩ። ናይ ብሓቂ ኣወንታዊ ዝበሃል፡ ንቓንዛ ይኹን ፍርሒ፡ "እወ" ምባል'ዩ። ምኽንያቱ ናብ'ቲ ካልኣይ ገጽ ህይወት ክትሰጋገር ምኺንካ ካብ ዘለካ እምነት ዝብገስ ስለ ዝኾነ ኣብ'ቲ ካልኣይ ገጽ ህይወት ምስ በጻሕካ፡ ነብሰ ተኣማንነትካ ከም ዝዓበየ ተረጋግጽ። ብውሳኔታትካ ኣይትጠዓስ። ጌጋ ዉሳኔ ስለ ዘኸትለልካ፡ ኣዕሩኽ፡ ገንዘብ፡ ክብራ፡

ፍቕሪ… ወዘተ ከይትስእን ኣይትፍራሕ። ብጌጋታትካ ምስ እትመሃር፡ ጌጋታት ከምዘይተብዝሕ ኣይትዘንግዕ። ቅድሚ ሓደ ዉሳኔ ምውሳድካ፡ ዕዮ-ገዛ ይሃልወካ። ንሱ ድማ ንዘለዉ ቀዳምነታት ሰሪዕካ ክህሉ ዝኽእል ኣማራጺታት ምንዳይ'ዩ። ነዚ ምስ ካልኦት ብምዝርራብ ብዙሕ ክትመሃሉ ትኽእል። ናይ ቅኑዓት ኢልካ ዝወሰድካዮም ዉሳኔታት ሓላፍነት ተሰከም። ነገራት ከም ዝደለኻዮም ምስ ዘይማልኡ፡ ምምራር፡ ንካልኦት ምጽላም ንድኽመትካ ዘብርህ ተግባር'ዩ። ዝወሰድካዮ ዉሳኔ ጌጋ ኮይኑ ምስ ዝስመዓካ፡ ኣንፈትካ ቀይር። <u>ምስጢር ናይ ህይወት ድማ ብዛዕባ ጌጋ ዉሳኔኻ ምሕሳብ፡ ምጭናቕ ዘይኮነ፡ መዓስ ከም እትእርሞ ምፍላጥ'ዩ።</u>

ዉሳኔታትካ መኣረምታ ከምዘድልዮ ብኸመይ ትፈልጥ?

ብዝወሰድካዮ ዉሳኔ ምድንጋራትን ዘይዕግበትን ምስ እትርኢ፡ ዘወሰድካዮም ዉሳኔታት መኣረምታ ከም ዘድልዮም ብቐሊሉ ክትርዳእ ትኽእል።

ናይ ዝወሰድካዮም ስጉምቲ ሓላፍነት ምስ እትስከም ሓይልኻ ትዕቅብ። ብኣንጻሩ ግዳይ ናይ ዝወሰድካዮም ስጉምቲ ምስ እትኸውን፡ ሓይሊ ተጥፍእ፡ ርእሰ ተኣማንነት ድማ ዘይብልካ ትኸውን። ንዉሳኔታትካ ሓላፍነት ምውሳድ፡ ብህይወት ዝስዕብ ተጻብኦታት ንክትብድህ ስለ ዝምህረካ ላዕለዋይ ኢድ ኣለካ ማለት'ዩ። ስለዚ ንስቓይካን ሓጉስካን ባዕልኻ ንኽተማዕብሎ ሓይሊ ኣለካ። ንተመኩሮታትካ ሓላፍነት ምውሳድ ማለት ንኻልኦት ብዝወረደካ ክውንነት ወይ ስምዒት ዘይምምራር ማለት'ዩ። ንምሉእነትን ነብሰ-ተኣማንነትን ዘምርሕ መንገዲ ነዊሕ ናይ ፈተነን ፍሽለትን ጉዕዞ ስለ ዘለዎም ንዝሓለፈ፡ ንህሉው፡ ንመጻኢ፡ ንባህርይታትካ ከተማርር የብልካን ምኽንያቱ ንሱ ኣካል ናይ መስርሕ ምስትምሃር ስለ ዝኾነ። ምምራር ቀንዲ መግለጺ ታሕተዋይ ደረጃ ኣተሓሳስባ ምዃኑ ኣይትዘንግዕ። ከምኡ'ውን ምምራር፡ ንተመኩሮታትካ ሓላፍነት ዘይምውሳድ'ዩ ዘርኢ።

ነብሰ-ምምላኽ

ነብስኻ ምምላኽ ሓደ ካብቶም ኣብ ህይወት ዘዐውቱ ረቛሒታት'ዩ። መብዛሕቲና ጓሂ፡ ሕርቃን፡ ፍርሒ፡ ቅንኢ.... ወዘተ፡ ባህርያዊ ብዘይ ድሌትና ዝመጽእ፡ ማለት ካብ ቁጽጽርና ወጻኢ ኮይኑ ይስምዓና። እቲ ሓቂ ግን ብኣእምሮና ክንቆጻጸር እንኽእል ምዃኑ'ዩ። ነዚ ምትግባር ቀሊል'ኳ እንተዘይኮነ፡ ብትምህርቲ ግን ክትግበር ይከኣል። ሓደ ካብ'ቲ ስምዒትካ ንምቁጽጻር ክትፈልጦ ዝግበኣካ ሓቂ፡ ብስጮት ወይ ተስፋ ምቑራጽ ካብ ምርባሽ ወይ ዕግርግር ዝተፈልየ ምዃኑ'ዩ። ነዚ ክልተ ስምዒታት ብትኽክል ክትፈሊ ምስዘይትክእል፡ ግዳይ መወዳእታ ዘይብሉ ጸቕጢ ኣእምሮ ትኸውን።

ናይዚ ውጽኢት ድማ ሕማም ርእስን ቁጥዐን'ዩ። ኣብ ኣእምሮና ኮይኑ ዘባሳጭወና ይኹን ጸቕጢ ዝፈጥረልና ኣተሓሳስባና ጥራሕ'ዩ። ስልዚ ስምዒትና ዘውስን ኣተሓሳስባና'ዩ። ኣብ ኣተሓሳስባና ጥንቁቓት ክንከውን ኣለና።

ብባዕላዊ ትንታነ ንነገራት ጠምዚዝና ምስ እንርድኦም ብሰንኪ ዘይቅኑዕ ኣተሓሳስባና፡ ኣብ ኣደዳ ጓሂ፡ ቅንኢ፡ ፍርሒ፡ ብስጭት፡ ተስፋ ምቁራጽ፡ ግጭት፡ ፍትሕ... ወዘተ ንወድቕ። ብመጽናዕትታት ከም ዝተረጋገጸ፡ ሕርቃን፡ ብስጭት፡ ቅንኢ፡ ፍርሒ፡ ግጭት፡ ነብሰ ምትሓት፡ ጭንቀት... ወዘተ፡ ኩሉ ብሰንኪ ዘይቁኑዕ ርድኢት ዝምዕብል'ዩ። ንኣብነት ሓደ ሓደ ካብቶም ብግጉይ ኣተሓሳስባ ኣብ ብዙሓት ሰባት ዝረኣዩ ዘይቅኑዓት ርድኢታት፦

1. ሰባት ምስ ዘየፍቅሩኻ ወይ ዝነጽጉኻ፡ ንነብስኻ ዘይትረብሕ፡ ድርባይ ጌርካ ትወስዳ። ሰባት ምስ ዘድንቑኻን ዘኽብሩኻን ግን ዋጋ ዘለካ ኮይኑ ይስመዓካ። እዚ ግጉይ ኣተሓሳስባን ርድኢትን'ዩ። ምኽንያቱ፡ መን'ዩ ንዓኻ ምሉእ፡ ፍጹም ኮይኑ ዝፈርደካ። ናይ ሰባት ምንጻግ ይኹን ምፍቃር ብኣተሓሳስባኻ ጥራሕ እንተዘይኮይኑ ሕማቕ ስምዒት ኣይፍጥርን'ዩ።

2. ጊጋ ምስ እትፍጽም፡ ሕማቕ ጠባይ፡ ስነ-ምግባር ምስ ዝጎድለካ፡ ንነብስኻ ዘይትረብሕ ጌርኻ ትወስዳ። እዚ'ውን ዘይቁኑዕ ርድኢት'ዩ። ምኽንያቱ ሰብ ኮይኑ ዘይጋገ የለን። ሰብ ካብ ጌጋ ነጻ ዝኸውን ምስ ሞተ ጥራሕ'ዩ። ኩሉ ዝጋገ ዘይረብሕ እንተደኣ ኮይኑ፡ ቅድሚ ሕጂ ዝነበረ ወለዶታት ደቂ-ሰብ፡ ሕጂ ዘሎ፡ ንዝመጽእ'ውን ኩሉ ዘይረብሕ'ዩ።

3. ኣብ ህይወት፡ ጻዕረኛ ስለ ዝኾንካ ክትዕወት፡ ሓቀኛ ስለ ዝኾንካ ድማ ዝግበኣካ ክትረክብ ትጽበ። ብኣንጻሩ ምስ ዝኸውን ግን ሕማቕ ስምዒት ይሓድረካ። እዚ ግን ህይወት ናይ ገዛእ ርእሳ መምርሒታት ከም ዘለዎ ካብ ምዝንጋዕ ዝነቅል ኣተሓሳስባ'ዩ። ዓለም ክትሰማማዓ ደኣ'በር ክትሰማማዓካ ኣይትጽበ። ኩሉ እትደልዮን እትውጥኖን፡ ብትኽክል ክትበጽሖ ዘይሕሰብ'ዩ።

4. ዘይምሕጓስና፡ ምሕራቕና፡ ብስጭት፡ ቅንኢ.... ወዘተ፡ ብሰንኪ ሰባት ዝሰዓበ ኮይኑ ይስምዓና'ሞ፡ ንሱ ወይ ንሳ ከም'ዚ ትፈድየኒ ብምባል ነማርር። እዚ ግን ብሰባት ዝመጸና ዘይኮነ፡ ባዕልና ኣተሓሳስባና እንፈጥሮ'ዩ።

5. ብዛዕባ ክስዕብ ዝኽእል ሓደገኛ ኩነታት ፈሊጥና ምሉእ ኣድህቦ ሂብና ልይትን መዓልትን ብእኡ ምሕሳብ፡ ንኽስዕብ፡ ዝኽእል ሕማቕ ሳዕቤን ነውግድ ይመስለና።

እቲ ሓቂ ብኣንጻር'ዚ'ዩ። ምኽንያቱ ብዛዕባ'ቲ ነገር ጥራሕ ምስ እንሓስብ ኣብ ጭንቀት ስለ እንኣቱ ከም'ቲ እንደሊዮ ኣይነድምዕን። ስለ'ዚ ንዝመጽእ ሳዕቤን ፈሊጥካ ምጥንቃቕ'ኳ ጽቡቕ እንተኾነ፡ ካብ ዓቕኑ ክሓልፍ የብሉን።

6. ንቕድም ኣይክፋእ ብምባል፡ ንጽቡቕ ኣቐዲምካ፡ ንጸገም ድሕሪት ምስራዕ፡ ኣብ ህይወት ኣየዐውትን'ዩ። ምኽንያቱ ኩሉ ኣብ ዓወት ዝበጽሐ፡ መጀመሪያ ድልየታቱ ገቲኡ፡ ንጸገም ሰጊሩ ኣብ'ቲ ዝደሊዮ ጽቡቕ ስለ ዝበጽሐ።

7. ናብ ሃብታም ወይ ሓያል ምጽጋዕ፡ ውሕስነት ዝፈጥረልና ኮይኑ ይስመዓና። እዚ ግጉይ ኣተሓሳስባ'ዩ። ምኽንያቱ እቲ እንጽግዖ ምስ ዝጸልኣና ወይ ድማ እንስእኖ እንታይ ንኸውን? እቲ ጸግዒ ክኾነና እንሓሪዮ፡ ብኸመይ ኣብ'ቲ ዘለዎ ደረጃ ክበጽሐ ክኢሉ ኢልና ነብስና ንሕተት። ከምኡ ክንከውን ድማ ንጽዓር።

8. ኣብ ምሉእ ህይወትና ዘሕለፍናዮ ተመክሮታት፡ ንኣካላትና ዘቑመ'ዩ ኢልና ስለ እንኣምን፡ ንሕና በቲ ኣብ ህይወትና ዝረኸብናዮ ወይ ዝቐሰምናዮ ተመክሮ ስሩዓት ዝኾና ኢና፡ ንኽንቅይሮ ዓቕሚ የብልናን ኢልና ንሓስብ። ወዲ ሰብ ከም'ዚ እንተደኣ ኮይኑ፡ ካብ ሮቦት ኣይፍለን'ዩ ማለት'ዶ ኣይኮነን? ንሕና ክንቅየር፡ ክንመሃር፡ ሓድሽ ተመክሮ ክንቀስም ከም እንኽእል ክንፈልጥ ይግባእ።

9. ንጓሂ፡ ሓዘን፡ ጭንቂ፡ ናይ እንፈልጦም ሰባት ማለት መቕርብና፡ ምክፋል ማለት ምስኦም ሓቢርካ ምጉሃይ፡ ምጭናቕ ጽቡቕ ይመስለና። እቲ ሓቂ ግን ነቲ ጓሂ ዘቃልል፡ ሓዘን ዝረስዕ፡ ጭንቂ ዝፈትሕ መንገዲ (ሜላ) ምንዳይ ጥራይ እዩ። ንኣብነት ሓኪም ስርሑ ገዲፉ ተኻፋሊ ቓንዛን ሕማምን ሕሙማትን ምስ ዝኸውን እንታይ ክድምዕ ይኽእል?

10. ንዘጋጥመካ ግድል ሓንቲ ቅንዕቲ መልሲ ከም ዝህልዋ ጌርካ ምሕሳብን ንዓኣ ክትረክብን ህርድግ ምባልን ቁኑዕ ኣይኮነን። ምኽንያቱ ኣብ ሂወት ዝኾነ ነገር ብፈተነ'ዩ ኣብ ዓወት ዝበጽሐ። ነፍሲ-ወከፍ ግድል ሓንቲ ቅንዕቲ መልሲ ጥራይ ተዝህልዋ ሽግር ዝበሃል ኣይምተረኸበን።

እዚ ኣብ ላዕሊ ዝተጠቕሰ ኣብነታት ናይ፡ ዘይቅኑዕ ኣተሓሳስባ ኣብ መዓልታዊ ህይወትና ኣሉታዊ ጽልዋታት የኸትል። ንስምዒታትና ዝቕይር፡

ዝቆጻጸር... ወዘተ፡ ኣተሓሳስባናን ስለ ዝኾነ፡ ኣብ ኣተሓሳስባናን ኣጠማምታናን ብዛዕባ ንነገራት ኣዚና ጥንቁቓት ክንከው ኣለና። ነዚ ክንገብር ምስ እንኽእል ነብስና ክንመልኽ ክኢልና ማለት'ዩ።

ቅንኢ

ቅንኢ እቲ ዝኸፍኣ ንገዛእ ርእስኻ ተስንፈሉ፡ እትስዓረሉ ውልቀ ባህርይ'ዩ። መበቆል ቅንኢ ምኽንይቱ ንኽትርድኦ ዘሸግር ውሽጣዊ ስምዒት ኮይኑ፡ ዘይፍወስ ሕማም'ዩ። ቅንኢ ካብ ግዜ ቁልዕነት ጀሚሩ ስለ ዝርኣ፡ ከም ናይ ቁልዕነት ጠባይ ንርድኦ። ነፍሲ ወከፍ ሰብ ንቅንኢ ብዝተፈላለየ ምኽንያትን መለክዕን ኣብ ዘመነ ህይወቱ ክፍትኖ ናይ ግድን'ዩ። ንኣብነት ብመጻምድትኻ ትቐንእ። እዚ ብልክዕ ፍቕሪ ድዩ ወይስ ዘይምትእምማን? እንድዒ።ነዚ ሕቶ'ዚ ሰባት ከከም ኣረዳድኦም መልሲ ክህብሉ ይኽእሉ። ቀናኣት ብጸቶም ብፍላይ ድማ መጻምድቶም ንዕኦም ጥራሕ ለይትን መዓልትን ክከናኽንዎም ናቶም እሱራት ኮይኖም፡ ብስነ-ሓሳብ'ኳ ዘይግመት ልዑል ክንክን ይምነዩ። ኣብ ትሕቲ መሓዩር ዘሎ ተጻማዲ ግን በየናይ መዐቀኒ'ዩ መቐረት ፍቕሪ ዘስተማቕር። በንጻሩ ናጽነት ዝረክበሉ መንገዲ'ዩ ዘናዲ። ቀንኣት ዝፍጽምዎ 3 ጌጋታት ኣለዉ። ቀዳማይ ትሕቲ ኩሉ ሰብ ኢና ኢሎም ይሓስቡ። ካልኣይ፡ ኩሉ ምስ ኣፍቃሪኦም ወይ መጻምድቶም ዝዛረብ ሰግኣት

ይፈጥረሎም። ሳልሳይ ድማ ንሶም እቶም መጻምድቶም ወይ ድማ ኣፍቀርቶም ዝበለጹ ሰባት ክብልዎም ይደልዩ። እዚ ኩሉ፡ ካብቲ ኣፍቃሪ እንተዘይበለካ ዋጋ የብልካን ዝብል ግጉይ ርድኢቶም ዝብገስ'ዩ። (ምንጻግ ስምዒት ዝጎድኦ እትፍቅደሉን እትኣምነሉን ጥራሕ'ዩ)። ልክዕ ከም'ቲ መጻምድትኻ ንዝተወሰነ ደረጃ ስምዒትካ ዘዕግበልካ ስምዒቱ ከተዐንግለሉ እንተክኢልኻ፡ ዝምድናኻ ኣብ ደሓን ኩነታት ምህላው እመን። ካብኡ ሓሊፍካ ብዛዕባ ድሌታትካን ስምዒታትካን ጥራሕ ሓሲብካ ንመጻምድትኻ ክትቆጻጸርን ክትብሕት ምስ እትፍትን ዝምድናኻ ኣብ ሓጺር ግዜ ከም ዘብቅዕ ኣይትስሓት። ልዕሊ ኩሉ ቅንኢ ነቐዝ ሓዳር ስለ ዝኾነ፡ ዕድመ ምውቕ ናብራ ኣሕጺሩ ኣብ ምፍልላይ'ዩ ዘብጽሕ።

ዋላ'ኳ ቅንኢ ብባህርይ ምሉእ ብምሉእ ንኽተወግዶ ዘይኽኣል እንተኾነ፡ ካብ መጠን ክሓልፍ የብሉን። ሓደገኛ ቅንኢ ሕማቕ ሳዕቤን ስለ ዘኸትል፡ ብእዋኑ ሓገዝ ናይ መጻምድትን መቕርብን የድሊ። ምኽንያቱ ስምዒት ቅንኢ ብምጽራፍን ብምትህርራምን ካብኡ ሓሊፉ'ውን ብምቅታል ስለ ዝግለጽ። ቅንኢ ካብ ነብሰ ዘይምትእምማን ይመጽእ። ዝፍወስ፡ ቀናእ ጉድለቱ ምስ ዝኣምን ጥራሕ'ዩ። ብቅንኢ ዝተሓመሰ ሓዳር ንኽዕረ ቀናእ ወገን ክቕይር ምስ ዝጅምር ጥራሕ'ዩ።

ቀናእ እንተደኣ ኴንካ ቅንእኻ ንብጻይካ ኣይተርኢ፡ ባዕልኻ መንደዓት ከይተጥሪ። ብኣንጻሩ ስምዒትካ ሓቢእካ ዘቕንኣካ ነገር ብነጻ ንክትግበር ኣፍቅድ ብድሕሪ'ዚ ብጻይካ ነጻነት ስለ ዝሰመዖ ባዕሉ ክምልሰልካ'ዩ። ልዕሊ ኩሉ ንነብስኻ ክትቆጻጸር እንተደኣ ኪኢልካ ከም ሰብ ዋጋ ክትረክብ ኢኻ።

4.5 ሕሜት

ኩልና ከም እንፈልጥን እንርድኦን ብቐልል ዝበለ ኣዘራርባ ምሕማይ ማለት ብዛዕባ ምሳኻ ዘየሎ ሳልሳይ ኣካል ምዝራብ ማለት'ዩ። ንሓደ ሰብ ንፋዕት፡ ዕዉት... ወዘተ ኢልካ ክትዘረበሉ ከለኻ ኣወንታዊ ሕሜት ክኸውን ከሎ ብኣንጻሩ ንስሙን ሞይኡን ምንሻው ድማ ኣሉታዊ ሕሜት'ዩ። ኣብ ህይወቱ ዕቤት ዘየርኣየ ንኻልእ ይሓሚ። ክንሓሚ ከለና ጽቡቕ ይስመዓና ይኸውን ደሓር ግን ሕማቕ ሳዕቤን የምጽኣልና'ዩ። ምኽንያቱ ሓማዩ ነብሰ-ተኣማንነት ዝጎደሎ ስለ ዝኾነ ውሽጣዊ ግርጭት ኣለዎ። ብባህሪ ቀናኣትን ተጠራጠርትን ይሓም'ዩ። ምሕማይ

ንግዚኡ ጥዑም ክኸውን ይኽእል፡ ሳዕቤኑ ግን ሕማቕ'ዩ። ዘሓሚ ሰብ ግዜ ዘለዎ ስለ ዘኾነ ባዕሉ ስራሕ ይፈጥር። ሓማዩ ንእሽቶ ፈሊጡ ንነገራት ብምትንታን ፈላጥ ኮይኑ ክቐርብ ይፍትን።

ሰባት ንሕሜት ከም መቀራረቢ፡ መፋተዊ... ወዘተ ይጥቀምሉ። ንኣብነት ሓደ ከይትነግር ኢልካ ገለ ነገር ዝነገርካዮ ሰብ ካባኻ ንዝረከቦ ምስጢር የሸጦ፡ ይፋተወሉ ስም ይረኽበሉ። እዚ ኩሉ ወረ ኣለዎ ንኽበሃል ዝገበሮ ኢዩ። ሰብ ንሰብ ክሓምዮ ንቡር ስለ ዘኾነ ተሓምየ ኢልካ ኣብ ውሽጥኻ ሕማቕ ስምዒት ኣይተሕድር። ንኹሉ ነገር ከም ጽቡቕ ተቐበሎ። ንኣብነት ሓደ ተሓሚኻ ምስ በልዎ ብሕጉስ ገጽ "ኣነስ ተዘኪረ፡ ግዚኦም ሰዊኦም ተዛሪቦምለይ"፡ ብምባል ከም ጽቡቕ ዕድል ዘጋጥሞ ኮይኑ መሊሱ። እቲ ከሕርቐ ዝሓሰበ ሕሜታ ዘምጽኣሉ ሓማይስ እንታይ ኮን ተሰሚዕዎ ይኸውን?

ሓምሻይ ምዕራፍ
ባህርያዊ ሓይሊ

ድቃስ

ድቃስ መዛዘሚ ናይ ውህሉል ድኻም'ዩ። ብሕጽር ዝበለ ኣገላልጻ ምድቃስ ማለት ንዘለካ እኩብ ጸቕጥን ድኻምን ምንካይ ማለት'ዩ። ነፍሲ ወከፍ ሰብ ንዓራት ዝኸደሉ ማለት ዝድቅሰሉ ግዜ ኣለዎ። እቲ ዝኽተሎ ናይ ድቃስ ግዜ ንዕኡ ዝሰማማዕ እንተደኣ ኮይኑ ኽቕጽሎ ኣለዎ። እዚ ዝተጠቕሰ ንጸገም ድቃስ ዘለዎ ዘገልግል ኣይኮነን። ምኽንያቱ ናይ ድቃስ ጸገም ዘለዎ ሰብ ኣቖዲሙ ንወልፍታቱ ከድህበሎም ሰለ ዝግባእ። ናይ ድቃስ ጸገም ዘለዎ ሰብ ነዚ ዝስዕብ ሓበሬታ ብግቡእ ተኸታቲሉ ምስ ዝፍጽሞ፡ ጽቡቕ ውጽኢት ይረክብ። ካብ ስራሕ ገዛ ምስ ኣተወ ዘካይዶም ንጥፈታት መዓስ ተጀሚሮም መዓስ ከም ዝውድኡ ብመዝገብ ምሓዝ። ካብኡ ተበጊሱ ድማ ድቃስ ዝኸልእ ነገራት ኣጽኒዑ መፍትሒ ምንዳይ። እዚ ብዝተፈላለዩ ወልፍታት ከም ቡን፡ ሻሂ፡ ትንባኾ... ወዘተ ከስዕብ ስለ ዝኽእል፡ ነቶም ቅድሚ ድቃስ እተዘውትሮም ንጥፈታት ብግቡእ ምጽናዕ። ኣብ መንጎ ድቃስ ምብርባር'ውን ብልዑል ጽቕጢ ዝስዕብ ልክዕ ከም ድቃስ ምስኣን ስለ ዝኾነ፡ ንጠንቅታት ኣጽኒዕካ መፍትሒ ክናደየሉ ይግባእ። ንድቃስ ዝኮልፉ ጠንቅታት መብዛሕትኦም ናይ ስራሕ መደባት፡ ሓሳብ ብዛዕባ ምስ ሰባት ዝካየዱ ርክባት ክኾኑ ስለ ዝኽእሉ፡ ንውጥናትካ ብጽሑፍ መልክዕ ካብ ሓንጎልካ ኣውጺእካ ኣብ ወረቐት ብምስፋር ካብ ጸቕጢ ብምግልጋል ድቃስ ክርከብ ይከኣል።

ስእነት ድቃስ

ድቃስ ካብ ዝኸልኡ ረቛሒታት እቲ ቀንዲ መደቀሲ ካብ መዕረፊ ም኿ን ሓሊፉ ናይ ዝንባሌታት ከም ምንባብ፡ ምጽሓፍ፡ ተለቭዥን ምዕዛብ፡ ሬድዮ

ምስማዕ... ወዘተ፣ እትሓስበሉ፣ እትዝናግዓሉ፣ ምስ ዝኸውን ድቃስ ኣጽሊኡ ጠንቂ ስእነት ድቃስ ይኸውን። ነዚ ጸገም'ዚ መፍትሒ ዝኾኑ ሓገዝቲ ምኽርታት፦

1. ናብ ዓራት ድቃስ ምስ መጸኣካ ጥራሕ ምኻድ። ምኽንያቱ ልዑል ናይ ምድቃስ ዕድል ስለ ዝህሉ።

2. ዓራት መደቀሲ ደኣ'ምበር መብልዒ፣ መካትዒ፣ መረዳድኢ፣ ተለቭዥን መዐዘቢ ክኸውን የብሉን።

3. ድቃስ ምስ ዝኣበየካ ድሕሪ 10-15 ደቓይቕ፣ ካብ ዓራት ተንስእ፣ ድቃስ ምስ መጽኣካ ተመሊስካ ደቅስ።

4. ኣብ ግዜ ቀትሪ ምድቃስ ንለይታዊ ድቃስ ስለ ዝዘርግ፣ ቀትሪ ምድቃስ ኣይተዘውትር። ዕረፍቲ ግን ኣይጽላእን።

ምኽርታት ንጽቡቕ ድቃስ

1. ካብ መጠን ዘይሓልፍ ግቡእ ዕረፍቲ ዝህበካ ሰዓታት ምድቃስ።
2. እትድቅሰሉን እትትንስኣሉን ግዜ ምፍላይ።
3. ክልተ ሰዓታት ቅድሚ ምድቃስካ ንጥፈታት ኣቋርጽ። ንኣብነት ምንቅስቓስ ኣካላት፣ ከቢድ መግቢ ምውሳድ... ወዘተ።
4. ጠሚኻ ከለኻ ኣይትደቅስ ምኽንያቱ ጥሜት ስለ ዘየደቅስ። ናይ መግቢ ምቕናስ መደብ እንተሃለወካ'ውን መጠንካ መግቢ ወሲድካ ደቅስ።
5. ድሕሪ ሰዓት ሸውዓተ ናይ ምሸት ሻሂ፣ ቡን፣ ኣይትስተ፣ ምኽንያቱ ናይ ድቃስ ሸውሃት ስለ ዝዘርግ።
6. ኣልኮላዊ መስተን ትንባኾን ዋላ ንግዚኡ እንተኣደቀሱኻ ከም መደቀሲ መድሃኒት ኣይትጠቀመሎም፣ ምኽንያቱ ዋላ ንግዚኡ እንተኣደቀሱ ቅሳነት ስለ ዘይፈጥሩ።
7. እትድቅሰሉ ክፍሊ ሙቐት ኣየር ዝተመጣጠነ ክኸውን ኣለዎ።
8. እትድቅሰሉ ክፍሊ፣ ጸልማትን ህዱእን ክኸውን ይግባእ። ኣብ ኣከባቢኻ ድቃስ ዝኽእል ድምጺ ምስ ዝህሉ፣ ኣእዛንካ ብጡጥ ወቲፍካ ደቅስ።

9. መደቀሲ መድሃኒት ብቐጻሊ ኣይትጠቐም።
10. ምስ ሕርቃንኻ፡ ኣእምሮኻ ከይቀሰነ ክትድቅስ ኣይትፈትን።
11. ቅድሚ ምድቃስ ዘይምቁያቕ፡ ምኽንያቱ ጭንቀት ስለ ዝፈጥር ።
12. ድቃስ ዝኸልእ ሓሳብ ምስ ዝህሉ ኣብ ጽሑፍ ኣስፊርካ ንመፍትሒ ምድላው። ምኽንያቱ ሽግር ሒዝካ ንዓራት ምኻድ ቅኑዕ ዓርኪ ስለ ዘይኮነ።

ምስትንፋስ

ምስትንፋስ እቲ ቀንዲ መሰረታዊ ኣካል መስርሕ ህይወት'ዩ። እዚ እቲ ናይ መጀመርያን ናይ መወዳእታን ንህይወት እንገልጸሉ ተግባራዊ ሓይሊ፡ ንዝተፈላለየ ስምዒታዊ ምንቅስቓሳትን ግብረ መልስታትን ንምግላጽ ንጥቀመሉ። ብሓፈሽኡ ምስትንፋስ ኣብ ኣርባዕተ መድረኻት ይኽፈል፦

1. ንውሽጢ ኣየር ምውሳድ፡
2. ዝተወሰደ ኣየር ሒዝካ ምጽናሕ፡
3. ንግዳም ኣየር ምውጻእ፡
4. ካብ ኣየር ነጻ ዝኾና ሰናቡእ። (ኣየር ዘያሓዙ ሰናቡእ)

ኣብዚ ፈታኒ እዋን ጭንቀትና ብኸመይ ነወግድ

እዚ ኣብ ላዕሊ ዝተጠቕሰ ኣርባዕተ መድረኻት ምስትንፋስ፡ ብቐጻሊ ተኣሳሲሩ ስለ ዝፍጸም፡ ሓደ ካብ'ቲ ካልእ ንኽንፈሊዮ ኣዚዩ ኣጸጋሚ'ዩ። ክትፈልጦ ግን ይከኣል። ንኣብነት ኣብ ነብስኻ ብፈተነ፡ ንኽትዕዘቦ ሃዲእካ ኮፍ ድሕሪ ምባል፡ ንኣርባዕቲኦም መድረኻት ክተስተውዕሎም ትኽእል ግን ክትቆጻጸሮም ማለት ሓደ ካብ'ቲ ካልእ ኣቋሪጽካ ክትዕዘብ ኣይትፈትን ምኽንያቱ ከምኡ ዓይነት ስጉምቲ ነቲ ባህርያዊ መስርሕ ስለ ዝዕንቅፍ። ኣብ ትዕዝብትኻ፡ ቀዳማይን ካልኣይን መድረኻት ናይቲ ወጥሪ፡ ሳልሳይን ራብዓይን መድረኻት ድማ ናይ ዕረፍቲ ሙኻኖም ኣስተውዕል። ወጥሪ ስለምንታይ? ዕረፍቲ ብኸመይ? ንዝብሉ ሕቶታት ንምምላስ፡ ንውሽጢ ኣየር ኣብ ንስሕበሉ እዋን፡ ጭዋዳታት መሰናግለን፡ ንልብን ሳንቡእን ካብ ከስዐ ዝፈሊ ሽፋን (ዲያፍራም) ብትሪ ስለ ዝጭብጥ፡ ኣብ ከባቢ ኣፍ-ልቢ ወጥሪ ይሰፍን። በንጻሩ ኣየር ንግዳም ክወጽእ ከሎን ካብ ሳናቡእ ጠቕሊሉ ምስ ወጸን፡ ተጨቢጦም ዝነበሩ ጭዋዳታት ስለ ዝዝርግሑ ዕረፍቲ ይረክብ። ሙሉእ ጥዕና ዘለዎ ምስትንፋስ ነዚ ኣርባዕተ ስምዒት ከነቓቕሕ ከሎ፡ መስርሕ ምስትንፋስ ቅልጡፍ ይኸውን፡ በዚ ምኽንያት ኣብ ላዕለዋይ ኣፍ ልቢ ዝርከቡ ጭዋዳታት ብፍጥነት ስለ ዝጭበጡን ዝዝርጉሑን ምልህላህ የኸትሉ። እዚ ተርእዮ'ዚ ኣብ ግዜ ቃልሲ ወይ ግጥም ምስ ዝኸውን፡ ልዑል ሓይሊ ተጠቂምካ ዝካየድ መስርሕ ስለ ዝኾነ፡ ጠቃሚ'ዩ። ኣብ ካልእ እዋን ግን ቅልጡፍ ምስትንፋስ፡ ሃለዋት ምጥፋእ(ምዕዋል)፡ ምርባሽ... ወዘተ የስዕብ።

ሓደ ሰብ ብዘይካ ኣብ ፍሉይ ኣገጣሚታት፡ ብቀጻሊ ቅልጡፍ ምስትንፋስ ምስ ዘዘውትር፡ ኩሉ ግዜ ኣብ ተጠንቀቕ ስለ ዝነብር፡ ኣብ ልዕሊ ዝኾነ እትገብሮ ነገር ትሑት ብቕዓት ናይ ምቁጽጻር ኣለዎ። ብሓፈሽኡ ኣብ ዑደት ምስትንፋስ ዉጥረት ዝርእ፡ ሰባት ኣብ ኣድህቦ ዘድልዮ ስነ-ኣእምሮኣዊ ሓሳብ ምስ ዝጥሕሉ'ዩ። ንስርዓት-ምስትንፋስ ካብ'ቲ ንቡር ባህርያዊ ዑደት ብሰንኪ ኣተሓሳስባኻ ኣብ ቀጻሊ ወጥሪ ምስ እትኣትዎ፡ ብተመሳሳሊ ካብ ስርዓት-ምስትንፋስ ወጻኢ ዘለዉ ጭዋዳታት'ውን ኣብ ወጥሪ ስለ ዝኣቱው ግዳይ ናይ ጸቕጢ ትኸውን፡ ኣዚ ብዉህሉል መልክዕ ኣብ ልዕሊ ጥዕና ኣሉታዊ ጽልዋ የኸትል። መብዛሕቲኦም ሰባት ብሓሳብ ክጽመዱ ከለዉ፡ ነቲ ባህርያዊ ዑደት ናይ ምስትንፋስ ይዕንቅፎዎ፡ ኣዚ ድማ ካብ'ቲ ንዘካይድዎ ዘለዉ ንጥፈት ብደቂቕ ምክትታል ዝስዕብ'ዩ። ቀሊል ኣብነት፡ ኣብ ዓይኒ መርፍእ ፈትሊ ክትሰኩዕ፡ ንመስርሕ ምስትንፋስ ብኸመይ ከምእትጸልዎ ብፈተነ ተዓዘብ። ኣብ መዓልታዊ ህይወትና ብቡዙሓት ንስርዓት-ምስትንፋስ ዝዕንቅፉ ነገራት ተኸቢብና ስለ እንነብር፡ ኣብ ምስትንፋስ ዕጡቃት ክንከውን ይግባእ። ኣዚ ማለት ድማ ዝኣቱን ዝወጽእን ኣየር ብግቡእ

ብሜላ ምንባር

ግዚኡ ሓልዩ ከም ዝቓጸል ምግባር ማለት'ዩ። ሰባት ብሓሳብ ተዋሒጦም ሓንሳእ ኣየር ንውሽጢ ምስ ኣእተዉ ንኣስታት 30-45 ካልኢታት ኣጽቂጦም ድሕሪ ምጽናሕ፡ ድምጺ ዘሰንዮ ንግዳም ምስትንፋስ የስምዑ። እዚ ባህርይ'ዚ ምስ ዝደጋገም ብወጥሪ ጭዋዳታት ዝለዓለ ለውጢ ባህርይን ጸቕጥን የስዕብ።

ምሉእ ጥዕና ዝህበና ምስትንፋስ፡ ልዑል ዓቀን ኦክስጅን ንውሽጢ ምስሓብ ኣይኮነን። ንኣካላትና ዘድልዮ ዓቀን ኦክስጅን ኣዝዩ ዉሑድ'ዩ ግን ኣብ መስርሕ ምስትንፋስ ምቁጽጻር፡ ንነብስኻ ካብ ብዙሕ ወጥሪ ኣናጊፍካ ጥዕና ዝመልአ ኣድማዒት ክትገብራ ትኽእል። ነዚ ንምልምማድ፡ ኣካላትካ ብግቡእ ዘርጊሕካ ማለት ደቂስካ ንካላትካ ሙሉእ ዕረፍቲ ብዝህብ መልክዕ ኣድላይ ምስ ዝኾውን ብፎኪስ ኮቦርታ ተሸፊንካ፡ ቀስ ኣቢሉ ዘይሕዘካ ክዳን ተኸደን ብፍላይ ኣብ ከባቢ መዓንጣኻ፡ ኣፍልብኻን ክሳድካን።

ድሕሪ'ዚ መንኩብካ ብምድርባይ ኣካላዊ ወጥሪ ኣጉድል። ኣብ ውሽጥኻ ዘሎ ኣየር ንግዳም ኣስተንፍስ፡ ከም መተካእታ ድማ ንዉሽጢ ቀስ ኣልካ ብህድኣት ኣየር ስሓብ። ንግዳም ድማ ቀስ ኣልካ ኣስተንፍስ። እቲ ንግዳም እትገብሮ

ምስትንፋስ ካብ'ቲ ንዉሽጢ እትገብሮ ዝተናውሐ ይኹን። ኣብ መንጎ ምስትንፋስ ኣቋሪጽካ ንቁሩብ ግዜ ጽናሕ። ከምበሓድሽ ነቲ ዑደት ጀምሮ፡ ቀስ ብቀስ ድማ ዉሽጣዊ ህድኣት ፍጠር። ነዚ ፈተነ እናካየድካ፡ ጉቡእ ዑደት ምስትንፋስ ከምዘለካ ንምርግጋጽ፡ ሓደ ኢድካ ኣብ ኣፍልብኻ እቲ ካልኣይ ድማ ኣብ ከብድኻ ኣንብር። ጭዋዳታት ከብዲ ምስ መስርሕ ምስትንፋስ ምስ ዝጭበጥን ዝዝርጋሕን፡ ብጉቡእ ተስተንፍስ ምህላውካ ተረጋግጽ። ከምዚ ዓይነት ልምምድ መዓልታዊ ንሓሙሽተ ደቃይቅ ምስ እተዘውትር፡ ባህርያዊ መስርሕ ምስትንፋስካ ኣብ ግዜ ዕረፍቲ ብኸምኡ መልክዕ ስለ ዝቕይር፡ ክንየው ምዝርጋሕ ጭዋዳታት ዝኸይድ ረብሓታት ኣለዎ። ገለ ካብ'ቲ ቀንዲ ረብሓታት ድማ ምህዳእ ህርመት ልቢ፡ ናይ ካልኦት ተፈጥሮኣዊ መዕገሲ ቃንዛ ኣተባቢዑ ካብ ጸቕጥን ሳዕቤናቱን የገላግል። ስለ'ዚ ህዱእን ዓሚቑን ምስትንፋስ ንተጻዋርነት ቓንዛን ምክልኻል ሕማምን የዕቢ።

ሓደ ሓደ እዋን ብዝተፈላለየ ምኽንያት ኣካላትካ ስለ ዝንድር ብቕልጡፍ ተስተንፍስ። ንኸም'ዚ ዓይነት ኩነታት ንኽትቀጻጸሮ'ኳ ሓያል እንተኾነ፡ ነቲ ግብረ መልሲ ናይ ውሽጣዊ ድፍኢት ዝኾነ ዘይንቡር ዑደት ምስትንፋስ ግን፡ ብወለንታ ናብ ንቡር ምምላሱ ይከኣል። ነዚ ክትገብር ማለት ንዑደት ምስትንፋስ ንምህዳእ፡ መጀመሪያ ንውሽጢ ህዱእን ዓሚቑን ኣስተንፍስ፡ ብድሕሪኡ ንጫፍ መልሓስካ ኣብ ድሕሪ ታሕተዋይ ኣስናንካ ኣጸጊዕካ ፍሽክ በል፡ መንኩብካ ዘርጊሕካ ብህድኣት ንግዳም ብ "ሄ ሄ . . . ህ" ዘሰምዕ ትሑት ድምጺ ኣስተንፍስ። ነዚ ብምድግጋድም ናብ ንቡር ምስትንፋስ ትምለስ። ኣብ ዑደት ምስትንፋስ፡ ንውሽጢ ኣየር ክትስሕብ "ኣ ኣ . . . ህ" ዘሰምዕ ውሽጣዊ ድምጺ፡ ኣብ ግዜ ንግዳም ምስትንፋስ ድማ "ሄ ሄ . . . ህ" ዘሰምዕ ውሽጣዊ ድምጺ ከምዘሎ ምስትብሃል፡ ብህድኣትን ብግቡእን ተጠቐመሉም።

ፍሽክታን ሰሓቕን

ፍሸክታን ሰሓቕን ብቐሊሉ ክግለጽ ዘይክኣል፡ ንደቂ ሰብ ጥራሕ ዝተዓደለ ፍሉይ ባህርይ'ዩ። ብመሰረቱ ሰሓቕ ብውሽጣዊ ድፍኢት ዝነቅል፡ ንውሽጣዊ እንታይነት ናይ ደቂ ሰብ ዘቃልዕ'ዩ። ኣብ'ዚ ኣርእስቲ ብዛዕባ እንታይ ከም ዘስሕቐና፡ ስለምንታይ ነቲ ተግባር ከም እንፍጽሞ ከምኡ'ውን ብምስሓቕ እንረኽቦም ረብሓታት ክንምልከት ኢና።

ብኣካላዊ ኣገላልጻ፡ ሰሓቕ ብቑጽጽር ናይ ኣጸቢቑ ዘይማዕበለ ክፋል ናይ ሓንጎል ማለት ሃይፖታላማስ ከምኡ'ውን ታላሚ ዝካየድ ተግባር'ዩ። እዚ ክፋል ሓንጎል ንስምዒታዊ ባህርይ ዝቆጻጸር'ዩ። ብድምር ክርአ ከሎ፡ ምጭባጥን ምዝርጋሕን ናይ ዲያፍራም ምስ ጎረሮ ብምትሕብባር፡ ሰሓቕ ይካየድ። ነዚ ኣካላዊ ኣገላልጻ ሰሓቕ፡ ብወጥራ፡ ምህዳእ፡ ምጭባጥን ምዝርጋሕን ናይ ጭዋዳታት ስርዓተ-ምስትንፋስ ዝግበር'ዩ። መበገሲ ሰሓቕ ዋዛ ወይ ናይ ቃል ምትሕሓዝ ዘለዎም ዝተሓላለኹ ኣተሓሳስባታት ክኸውን ይኽእል። ንኣብነት ንሓደ ዘስሕቕ ነቲ ካልእ ከየስሕቕ ይኽእል'ዩ። ብኸመይ ማዕቢሉ ናብ ብድምጺ ዝተኸተለ ኳዕኳዕታ ይልወጥ ግን ጌና ወዲ ሰብ ምኽንያቱ ክህበሉ ዘይክኣለ ሓደ ምስጢራት ህይወት ወዲ ሰብ'ዩ።

እዚ ድማ ምስ ዝምድና ኣእምሮን ሓንጎልን ዝተኣሳሰረ ነገር ከይኮነ ኣይተርፍን ዝብል ሓሳብ ኣሎ። ሰሓቕ፡ ወጥርን ስምዒታትን የህድእ፡ ከምኡ'ውን ጭዋዳታት ይዝርግሕ ሰሓቕ ንኣላትካ ኣዚዩ ኣድላዪ'ዩ። ንኣብነት መስሓቕ ተዋስኦ ፈውሲ'ዩ። እዚ ብብዙሓት ኣማኸርቲ ጥዕናን ማእከላት ጥዕና ዓለምን ብግብሪ ዝሰርሓሉ'ዩ። ሰሓቕ ዝህቦ ጥዕናዊ ረብሓ ነዞም ዝሰዕቡ የጠቓልል፦

1. ጽልዋ ኣብ ልዕሊ ስርዓተ-ዑደት ደም፡
2. ጽልዋ ኣብ ልዕሊ ስርዓተ-ምስትንፋስ፡
3. ንስርዓት ምክልኻል ኣካላት የደንፍዕ፡
4. ንጭዋዳታት ገጽ፡ ከብድን ኣፍልብን ልክዕ ከም ናይ ምንቅስቓስ ኣካላት ጥቕሚ ይህቡ፡

5. ንነዝዒ ሆርሞንን ኣድሬናልንን ኢንዶፍሪንን ስለ ዘተባብዕ ኣብ ምውጋድ ጭንቀትን ቃንዛን ዓቢ ሃገዝ የበርክት።

ሓደ ሓደ ሆስፒታላት ሕቡራት መንግስታት ኣመሪካ፡ ነዚ ናይ ሰሓቕ ፍወሳ የዘውትሩ። እተን ሆስፒታላት ዘስሕቑ ተዋሳእቲ ቀጺረን ወይ'ውን ሓካይመን ፍልይ ዝበለ ዘስሕቕ ኣከዳድና የዘውትሩ'ሞ ኣብ'ቲ ሕሙማት ዝድቅስሉ ክፍልታት ብምንቅስቓስ ንስነ-ኣእምሮኣዊ ሞራል ሕሙማት ክብ ከምዝብል ይገብሩ። ኣብ ገሊኡ'ውን ንሕሙማት ጥራሕ ዘዛናግዕ ናይ ተዋስኦ ክፍልታት የዳልዉ። በዚ ድማ እቲ ሕሙም ነቲ ኣቓዲሙ ዝተጠቕሰ ጥዕናዊ ረብሓታት ስለ ዝረክብ ኣብ ኩነታት ጥዕንኡ ለውጢ የምጽእ። ሓደ ሓቂ ሓዘል ኣበሃህላ'ውን ኣሎ። "ኣብ ንሓድሕዶም ምርድዳእን ፍቕርን ዘለዎም ሰባት፡ ንሕድሕዶም ይሰሓሓቑ"። ብፍላይ ጸጉራን ርእሳን እናሰንደወት እትስሕቕ ጓል-ኣንስተይቲ፡ ንዝካየድ ምዝርራብ ምሉእ ተቐባልነት ከም ዘለዎን፡ ንስርዓተ ምክልኻል ኣካላታ ኣትሒታ ምህላዋን ትሕብር።

ሰሓቕ ደሊና እነምጽኦ ዘይኮነ፡ ኣካልና ዝውንኖ ማሪታዊ ማለት ጥንቀላዊ ሓይሊ'ዩ። እዚ ማሪታዊ ሓይሊ ብፍርሕን ምድናቕን ይግለጽ። ሃንደበታዊ ማለት ትጽቢት ዘይተነበረሉ ኣደናቒ ኩነታት የስሕቕ። ሰሓቕ ኣብ ህይወት ሓደስቲ ኣመራጺታት ይኸፍት። ነገራት ከም ዝነበርዎ ኣይቅጽሉን። ክቕየሩ ይኽእሉ። ድሕሪ ሰሓቕ ፍስሃ ስለ ዝዓሰለና፡ ብዓይኒ ጥርጣረ ንእንርእዮ ነገር፡ ኣብ ኢድና'ዩ

ዘሎ፣ ክንቅየሮ ንኽእል ኢና፣ ቀሊል'ዩ ኢልና ንሓስብ። ብግዚያዊ ሓይሊ ወይ መስርሕ ድማ ኣይንድረትን።

እንስሳታት ከም ወዲ ሰብ ናብ ፍሽክታን ምንባዕን ባህርይ ኣይተዓደሉን። ምስሓቕን ምንባዕን ንደቂ ሰብ ጥራሕ ዝተዓደለ ፍሉይ ህያብ'ዩ። በዚ ምኽንያት ብቀቢጸ-ተስፋን፣ ተስፋን ከም ሰብ ከምእትነብር ይገብረካ። ወዲ ሰብ ንህይወቱ ብስሓቕ፣ ብብኽያት፣ ተቓውሞ፣ ብምጭዳር፣ ብሳዕስዒት... ወዘተ፣ ስለ ዝገልጾ፣ ካብ'ቲ ክዉን ተፈጥሮኣዊ መስርሕ ህይወት ወጺኡ ክነብር ይፍትን። ብመጠኑ ድማ ይትግብሮ። ንብዓትን ሰሓቕን ተኣሳሲሩ ክረአ ከሎ፣ ኩሉ ዝስሕቕ፣ የፍቅር። እዚ ድማ ንሰባት ምስ ኩሉ ጉድለታቶም ቅቡላት ይገብሮም።

ሰሓቕ ካብ ክሳድ ንላዕልሊ ዘይኮነ ካብ ውሽጣዊ ክኸውን ኣለዎ

ሕርቃን ብኸመይ ተወግድ

ንዝኾነ ሰብ ካብ ስምዒታቱ ነየናይ ከም ዝጸልእ ምስ እትሓቶ፡ መብዛሕትኡ ዝምልሶ ፍሉጥ'ዩ። ስምዒት ሕርቃን'ዩ እቲ መልሲ መብዛሕትኡ እዋን፡ ሕርቃን ምስ ካልኦት ሰባት ምትእስሳር ኣለዎ። ምኽንያቱ ካልኦት ብዝብልዎ፡ ዝገብርዎ ወይ ድማ ብዘይምባሎም ከምኡ'ውን ሓደ ነገር ብዘይምትግባሮም ስለ ዝለዓል። ንኣብነት ሕርቓን ብቐሊሉ ኣብ መራሕቲ ተሽከርከርቲ ይርአ። መራሕቲ መካይን፡ ኣብ መንገዶም ብቐጻሊ ጌጋ ዝፍጽም ስለ ዘጋጥሞም፡ ብኣካላዊ ምንቅስቓስን ቃላትን ሕርቃኖም ይገልጹ።

ካብ ሕርቃን ዝተላዕለ ድማ መኪና ብናህሪ ትምራሕ። ንኽትዕዘቦም ድማ የፍርሑ ምኽንያቱ ነብሶም ስለ ዘይቆጻጸሩ። ሰባት ብኽምዚ ዓይነት ኣገባብ ማለት ገርጨውጨውን፡ ጸርፍን ባእስን ሕርቃኖም ክገልጹ ከለዉ፡ ሕርቃን ዘየድሊ ስምዒታዊ መግለጺ ይመስለና፡ ግን ብኣንጻሩ ሕርቃን ብሃናጺ ኣገባብ ክቐርብ ከሎ ኣድላይነት ኣለዎ። እቲ ወሳኒ ነገር ብኸመይ ተቕርቦ'ዩ። ብዙሓት ሰባት ማዕረ ክንደይ በደል ከምዝወረዶም ብዘየገድስ፡ ሕርቃኖም ይሓብኡ ምኽንያቱ ሓራቕካ ዓው ኢልካ ምቅልሑ፡ ሕማቕ ባህርይ ኮይኑ ስለ ዝስምዖም ሕርቓንካ ምሕባእ'ውን ካብ ግዜ ቁልዕነት ጀሚሩ ዝተሰረተ ክኸውን ይኽእል'ዩ። ሓደ ካብ ወለዲ ሓራቕ ምስ ዝኸውን'ሞ ሕርቓኑ ድማ ብምትህርራም ዝገልጽ እንተደኣ ኮይኑ፡ ኣብ'ቲ ስድራ ዝዓቢ ቆልዓ፡ ናይ ሕርቃን ጠባያት ምስ ዘርኢ በቲ ሓራቕ ወላዲኡ ዝወሃቦ ግብረ መልሲ ስለ ዝፈልጥ ሕርቓኑ ክሓብእ ይግደድ። ነዚ ድማ ከም ባህርይ ምስኡ የዕብዮ። ቀጻሊ ወቐሳን ምፍርራሕ'ውን ነብሰ- ተኣማንነት ስለ ዘጠፍእ፡ ንቐልዓ ሕርቃኑ ከምዘይገልጽ ይገብሮ። ናይ ሕርቃን ስምዒቱ ክገልጽ ዘይክእል ሰብ፡ ደገፍ ስኢኑ ኣብ ብስጭት ይወድቕ። ናይ ሕርቃን ስምዒት ብሃናጺ ኣገባብ ምስ ዝገልጽ፡ ንብዙሕ ሽግር መፍትሒ ይኸውን። ንኣብነት፡ ናይ ስራሕ ሓላፊኻ፡ ስራሕካ ፈጺምካ ንገዛ ክትብገስ እናተዳለኻ፡ ተወሳኺ ስራሕ ይህበካ፡ ንስኻ ድማ ከይፈተኻ ሕራይ ትብል፡ እቲ ስራሕ ህጹጽ ምስ ዘኸውን፡ ንክትፍጽም'ሞ ኣብ ሸበድበድ ምስ ኣተኻ ክትሓርቕ ትጅምር። ነቲ ስራሕ ፈጺምካ ገዛ ምስ ኣተኻ፡ ምስ ኣእሩኽትኻን ቤተ ሰብካን፡ ብዛዕባ እቲ ዘጋጥመካ ተወሳኺ ስራሕ ነዲርካ ብምዕላል፡ ሕርቃንካ ትገልጽ። ንሶም ግን ሓንቲ ክሕግዙካ ኣይክእሉን'ዮም እቲ ዝምልከቶ ኣካል ንዛዕባ ሕርቃንካ ኣፍልጦ የብሉን። ዘሕርቐካ ነገር መፍቲሕ ክረክብ እንተደኣ ኮይኑ ሓላፊካ ክሰምዕ ኣለዎ።

ሓደ ነገር ከሕርቐካ ክጅምር ከሎ፡ ምቅልዑ ጥራይ'ዩ እቲ መድሃኒት። ኣብ ምጅማር ትሑት ናይ ሕርቃን ስምዒት ስለ ዝህልወካ፡ ሃዲእካ ክትሓስብን ክትርዳእን ዕድል ትረክብ። ሕርቓን ኣብ ውሽጥኻ ተዋህሊሉ ክሳብ ዝግንፍል ክትጽበ የብልካን። ሕርቃን ብሃናጺ ኣገባብ እንተዘይነፊሱ፡ ምስ ተዋህለለ ኣብ ዘይእዋኑ ይግንፍል ካብኡ ሓሊፉ'ውን ሕማም ጭንቀንት የኸትል ኣብ ውሽጢ ተዓቒቡ ዝጸንሕ ሕርቃን ካብ ቁጽጽር ወጻኢ ኮይኑ ናብ ዘይተደልየ መኣዝን የመርሕ።

ሕርቃን ብብስጭት ክምዕብል ይክእል። ብሓደ ነገር ከም ሕማም ብቐጻሊ ምስ እትጭነቕ፡ ሓሳብካ ብዛዕቡ ምስ ዝኸውን'ሞ ለውጢ ምስ ዘይትረኽበሉ፡ ሓራቕ ቅጡዕን ትኸውን። ምስ ዘበሳጭዉ ሰባት ወይ ነገራት ክትቃለስ ዝሕግዝ ሜላ ከተጥሪ ትኽእል።

ኣተኣላልያ ሕርቃንን ጽልኣትን

እዚ ጽሑፍ ብዛዕባ ኣሉታዊ ኩነታት ኣእምሮን ጽልውኡ ኣብ ምዕናው ሓጉስን ዘተኮረ'ዩ። ኩሉ ዓይነት ኣሉታዊ ኣተሓሳስባ ዕንቕፋት ሓጉስ'ዩ። ብዝያዳ ኀሊሑ ዝርአ ግን ሕርቃንን ጽልዉኡን'ዩ። ኣዕናዊ ጽልዋታት ሕርቃንን ጽልኣትን ብኣዚዩ ብዙሕ ስነ-ፍልጠታዊ መጽናዕትታት ዝተደገፈ መረዳእታት ኣለዎ። ብዘይ

ደገፍ ናይ ስነፍልጠታዊ ምርምር'ውን እንተኾነ፡ ሕርቃንን ጽልኣትን ማዕረ ክንደይ ናይ ምምዝዛን ዓቕምና ሓቢሉ ግጉይ ፍርዲ ንኽህልወና፡ ሕማቕ ስምዒት ክሓድረና፡ ዝምድናና ኸም ዝሕርፋፍ ንምግማቱ ዝጸግም ኣይኮነን። እዚ ብናይ ነፍሲ ወከፍና ተመክሮ ክረጋገጽ ዝኽእል ሓቂ'ዩ። ኣብ'ዚ እዋን'ዚ ሕርቃንን ጽልኣትን ኣብ ልዕሊ ኣካላት ዘስዕቦ ጉድኣት ብስነ-ፍልጠታዊ መጽናዕትታት ዝተደገፈ እናኾነ ይመጽእ ኣሎ።

ብሓፈሽኡ ሕርቃንን ጽልኣትን ጠንቂ ብዝሒ ሕማማትን ምንጻል ጥንስን ምኳኑ ክረጋግጽ ተኻኢሉ። ሕርቃን ዘስዕቦ ሕማም ምስ ስርዓተ ዑደት ደም ዝተኣሳሰረ ኮይኑ ብፍላይ ምስ ዉድቀት ልቢ ዘለዎ ዝምድና ኣዚዩ ዓቢ'ዩ። ከምቲ ልሙድ፡ ሕማም ልቢ ምስ ልዑል ዓቐን ኮሌስትሮልን ጸቕጢ ደምን ተኣሳሲሩ'ዩ ዝግለጽ። ሕርቃን'ውን እንተኾነ ካብ ናይ ኮሌስትሮልን ጸቕጢ ደምን ዝዓቢ ጽልዋ ኣለዎ። ስለ'ዚ ሕርቃን ጽልኣትን ሕማቕ ሳዕቤን ከምዘለዎ ካብ ተረዳእና፡ ብኸመይ ንኣልዮ? ክምለስ ዘለዎ ሕቶ'ዩ።

ብሓፈሽኡ ኣሉታዊ ጽልዋ ዘለዎ ስምዒታት ኣዚዮም ብዙሓት'ዮም። ትዕቢት፡ ዓመጽ፡ ቅንኢ፡ ድልየት፡ ልዑል ሸውሃት ጾታዊ ርክብ፡ ጸቢብ ኣተሓሳስባ... ወዘተ። ልዕሊ ኩሉ ግን፡ ሕርቃንን ጽልኣትን እኩይ ባህርይ'ዩ ዘለዎ። ምኽንያቱ ንጥዑይ ዝምድና፡ ሰላምን ሓጎስን ስለ ዘዕንቅፉን ዘዐኑን። ብዛዕባ ሕርቃን ክንዛረብ ከለና፡ ክልተ ዓይነት'ዩ ዘሎ። ሓደ ዓይነት ሕርቃን፡ ከም ኣወንታዊ ዝፍለጥ መተባብዒ ባህርይ ዝሕዝ'ዩ። ስምዒት ሓላፍነትን ሓልዮትን ዘመንቀሊኡ ሕርቃን፡ ንሓደ ውልቀ-ሰብ ተወሳኺ ሓይሊ ፈጢሩ ብኣድማዕነት ንኽነጥፍ ዘተባብዕ ስለዝኾነ ከም ኣወንታዊ ይሕሰብ። ንኣብነት ወላዲ፡ ንውላዱ ሓሪቑ ክምዕዶ ከሎ። ግን ዋላ ደኣ ተወሳኺ ሓይልን ውሕስነትን ዝህብ ይኹን'ምበር፡ እቲ ተወሳኺ ሓይሊ ኣብ መጨረሽታ ኣዕናዊ ዲዩ ወይስ ሃናጺ ክኸውን ስለ ዘይፍለጥ፡ ብሓፈሽኡ ሕርቃን ስምዒት ጽልኣት ስለ ዘማዕብል ኣሉታዊ'ዩ።

ንሕርቃንን ጽልኣትን ኣብ ውሽጥና ብምድኳል ከነወግዶም ኣይንኽእልን ኢና። ካብ ህይወትና ዝኣልዮም ዓቕልን ተጻዋርነትን ከነማዕብል ኣለና። ወናኒ ናይ'ዚ ንሕርቃንን ጽልኣትን ዝቁጥቁጥ በሊሕ ምሳር ንኽትከውን፡ መጀምርያ ምሉእ ድልየትን ድልውነትን ክህልወካ ወሳኒ'ዩ። ድልውነትካ ልዑል ምስ ዝኸውን ኣብ መስርሕ ህይወት ንዘጓንፈካ ዕንቅፋት ንኽትሰግር ዝዓግተካ ሓይሊ

የለን። ዓቕልን ተጻዋርነትን ንኽተማዕብል እትገብሮ ምልምማድ፡ ምስ ሕርቃንን ጽልኣትን ኣብ ኩናት ምግጣም ማለት'ዩ። ኣብ ግጥም ድማ ዕውት ኮይንካ ክትወጽእ ኢኻ እትደሊ። ስዕረት ከም ዘሎ'ውን ክትዝንግዕ የብልካን። ስለ'ዚ ኣብ ውሽጢ እቲ መስርሕ ጸገማት ከጓንፉኻ ምኳኖም ኣይትዘንግዕ። ንኽትጻወሮ ድሉውነትካ ኣረጋግጽ። ንሕርቃንን ጽልኣትን ብተጻዋርነት ዝስዕር፡ እቲ ናይ ብሓቂ ተባዕ ዝበሃል'ዩ። ነዚ ስነ-ሓሳብ ኣብ ኣእምሮኻ ቀሲምካ'ዩ ድልውነቱ ካብ ትምህርቲ ብዛዕባ ረብሓ ተጻዋርነት ዓቕልን'ዩ ዝምንጩ። እቲ ትምህርቲ ንረብሓ ዓቕልን ተጻዋርነት ጥራሕ ዘይኮነ፡ ንኣዕናዊ ጽልዋ ሕርቃንን ጽልኣትን'ውን ኣለሊኻ ምፍላጥ የማልእ። ድምር ውጽኢት ናይ'ዚ ትምህርቲ፡ ካብ ኣሉታዊ ኣተሓሳስባ ጥንቁቅ ንኽትከውን ይሕግዘካ። ኩሉ ግዜ ብዛዕባ ሕርቃንን ስለ ዘይንግደስ፡ ብቀሊሉ ንሓርቅ። ኣዕናዊ ጽልዋ ሕርቃንን ጽልኣትን ኣዝዩ ንኡርን ቅጽበታውን'ዩ። ንኣብነት ብርቱዕ ስምዒት ሕርቃንን ምስ ዝሓድረካ፡ ብቀጥታ ናይ ኣእምሮ ሰላም ትስእን። ናይ ምምዝዛን ዓቕምኻ ድማ ይጠፍእ። በዚ ምኽንያት ቅኑዕን ጌጋን ኣይትፈልን፡ ናይ ርሑቕን ቀረባን ሳዕቤን ናይ እትፍጽሞ ተግባር ድማ ክትግምግም ኣይትኽእልን። ዋላ ግዳማዊ መግለጺ ኣካላትካ'ውን እንተኾነ ሕማቕ ትርኢት'ዩ ዘንጸባርቕ። ዝሓርቐ ሰብ፡ ዋላ ሕርቃኑ ክሓብእ ይፍትን፡ ገጹ ውሽጣዊ ኩነታቱ ካብ ምግላጽ ኣይቁጠብን'ዩ።

ትርኢቱ ዘውጽኦ ማዕበል ጽልኣት፡ ብቀሊሉ ብህዋሳት ካልኦት ይድህሰስ። ሰባት ጥራሕ ዘይኮኑ እንስሳታት ዘቤት'ውን እንተኾኑ ካብኡ ክርሕቁ ይረኣዩ።

- ነድሪ ከስዐ(ስቶማኮ)
- ጸቕጢ ደም
- ሕማም ሽኮር
- ግርጭት/ክሳራ

ኣብ ውሽጡ ሕርቃንን ቅርሕንትን ዝኃደለ ሰብ ሸውሃቱ የጥፍእ፡ ድቃስ ይስእን፡ ቁጡዕ ድማ ይኸውን። በዚ ምኽንያት'ዚ ጽልኣት ከም ጸላኢ'ዩ ዝረአ። እዚ ውሽጣዊ ጸላኢ፡ ኣብ ውሽጢ ሰፊሩ፡ ጉድኣት ካብ ምውራድ ሓሊፉ ዝህቦ ረብሓ የለን። እዚ እቲ ናይ በሓቂ፡ ንእዋናውን ናይ መጻኢ ህይወትናን ዘዐኑ ጸላኢ'ዩ። ጸላኢኸ ወዲ-ሰብ ምስ ዝኸውን፡ ከም ሰብ መጠን ንኽምገብ፡ ንኽድቅስ ካልእ ንጥፈታቱ ንኸካይድ ግዜ ስለ ዘጥፍእ፡ ምሉእ ግዚኡ ንዝጸልእ ንምህሳይ ኣይኮነን ዝሓስብ። እዚ ውሽጣዊ ጸላኢ ግን ብዘይካ ንዓኻ ምዕናው ካልእ ስራሕ የብሉን። ነዚ ሓቂ'ዚ ፈሊጥና ኣብ ውሽጥና ንኸሰፍር ዕድል ክንህቦ የብልናን። ነዚ ጸላኢ ኣብ ኣካልትና ንኸይሰፍር ብኸመይ ትከላኸሎ እዩ እቲ ጌና ዘይተመለሰ ሕቶ።

ብዙሓት ምዕራባውያን ተመራመርቲ ከም ዝድግፍዎ ዝፍለጥ ሜላ ፍወሳ ሕርቃን፡ ንሕርቃንካ ምግላጽ፡ ብዓውታ ምዝራብ፡ ብዛዕብኡ ምስ ሰባት ምዝራብ ዝብል'ዩ። ካልኦት'ውን ሕርቃን ብዙሕ ዓይነት ስለ ዝኾነ፡ ብዛዕብኡ ምዝራብ ንኹሉ ዓይነት ዝፍውስ ኣይኮነን ዝብሉ ኣለዉ። ንኣብነት ሰባት ብዛዕባ ኣብ ሕሉፍ ብዝወረዶም በደል ከም ዓመጽ ዘይወጽእ ሕርቃን ምስ ዝህልዎም፡ ብዛዕብኡ ምስ ሰባት ምዝራብ ሓጋዚ ክኸውን ይኽእል'ዩ። ብዙሕ ካብ ዓይነት ሕርቃን እንተደኣ ኣድሚጽካዮን ተዛሪብካሉን ዝያዳ ዝገድድ'ዩ። ብሓፈሽኡ ሕርቃንን ጽልኣትን ካብ ዘይዕግበትን ስምዒትን ጉድለትን ዝነቅል ስለ ዝኾነ፡ ሓደ ሰብ ብኸመይ ብዘለዎ ይዓግብ ምሉእነት ይስምዖን ክፈልጥ ኣለዎ።

ነዚ ንኽተማዕብል ብቐጻሊ ነብስ ዕግበት ምስ ሕያውነትን ፍቕርን ኣብ ውሽጥኻ ክትትኩስኩስ ኣለካ። እዚ ነቲ ንሕርቃንን ዝጻወር ህዱእ ኣእምሮ ንኽተማዕብል ይሕገዘካ። ዘሐርቕ ክንንፈካ ከሎ ንጠንቀታት መሕረቂኻ ክትምርምር ትጅምር። ካብኡ ቐጺልካ እትህቦ ግብረ መልሲ ማዕረ ክንደይ ኣዕናዊ ወይ ሃናጺ ምዃኑ ክትግምግም ትኽእል። እዚ ኩሉ ካብ'ቲ ንኣሉታዊ ስምዒት ዝጻረር ተጻዋርነት ዓቕልን እተማዕብሎ ውሽጣዊ ስነ-ስርዓት'ዩ። ሃብቲ፡ ትምህርቲ፡ ሓይሊ.... ወዘተ ኩሉ ካብ ምሕራቕን ምጽላእን ክከላኸል ኣይክእልን'ዩ። እቲ እንኮ ዉሑስ መከላኸሊ፡ ትዕግስትን ተጻዋርነትን ጥራሕ'ዩ። ንነገራት ብዝተፈላለይ መኣዝን ጠሚትካ ክትርድኦም ምፍታን'ውን ሓደ ሜላ'ዩ። ዓቕልን ተጻዋርነትን'ውን እንተኾነ ደረትን ዓይነትን ክህልዎ ኣገዳሲ'ዩ። ኣብ ልዕሌኻ ሃስያ ንዘውርድ ትም ኢልካ ብትዕግስቲ መክቶ ማለት ቅኑዕ ምኽሪ ኣይኮነን። ትዕግስቲ ምስ ሳዕቤን

ናይ እትህቦ ግብረ መልስን ኣብ ልዕሌኻ ዘወርድ ማህሰይትን ምንጽጻርን ክኸውን ኣለዎም። ሕርቃንን ጽልኣትን ንምውጋድ እትኽተሎ ሜላ፡ ንነገራት ብዝተፈላለየ መኣዝን ምጥማት፡ ኣተሓሳስባኻ ምስፋሕ፡ ምኽንያትን ጠንቂ መሕረቒኻን ምምርማርን፡ ኣብ ቦታ ናይ ሰባት ኣቲኻ ምሕሳብን ዘጠቓልል ኮይኑ፡ ነዚ ዘኽእል ዓቕሚ ብትዕግስትን ተጸዋርነትን ርጉእ ኣእምሮ ምፍጣር ምኳኑ ተመልኪትና። ኣብ መጨረሽታ፡ ደምዳሚ ሓሳብ ናይ'ዚ ስነ-ሓሳብ ንይቕሬታ ድሉው ምኳኑ'ዩ። ናይ ብሓቂ ትዕግስተኛን ተጻዋርን ምስ እትኸውን ይቕሬታ ብተፈጥሮ ባዕሉ'ዩ ዝመጽእ።

ንሕርቃን ብሃናጺ ኣገባብ ንምግላጽ ዝሕግዙ ምኽርታት፦

1. ኣጸቢቕካ ሓሪቕካ ከለኻ፡ ክሳብ ትሃድእ ቃል ኣይተውጽእ። ሱቕ ምስ እትብል ጉዳይካ ዝያዳ ኣድህቦ ክረክብ'ዩ። ንዘሕረቐካ፡ ሓሪቕካ ገርጨውጨው ብምባል፡ ቃላትካ ተጠቒሙ ጉዳይካ ዘይምኽኑይ ንኽንገብሮ ዕድል ኣይትሃብ። ምኽንያቱ እዚ ተወሳኺ ሕርቃን ዘስዕብ'ምበር መፍትሒ ክኸውን ኣይክእልን'ዩ።

2. ናይ ገዛእ ርእስኻ ንጽህና ይሓልወኻ። ብልክዕ መበቀል ሕራቃንካ መርምር። ብሓቂ እቲ ቁጠዐኻ እትገልጸሉ ዘለኻ ሰብ ዝበሎን ዝገብሮን ድዩ ኣሕሪቑካ ወይስ ካልእ'ዩ እቲ ጠንቂ። ምናልባት ኣብ ስራሕ ዘበሳጨወካ ነገር ንገዛ ናብ ስድራቤትካ ተሰኪምካዮ ከይትመጽእ፡ ንዘይምልከቶ ኣካል ከይተንፍሰሉ ከተስተውዕል ይግባእ።

3. ኣሕሪቑኒ ንእትብሎ ሰብ ኣብ ብሕቲ ተዛርቦ። ኣብ ቅድሚ ሰብ ምዝራቡ፡ ውርደት ከይሰምዖ፡ ናብ ዘየድሊ ግርጭት ከይትኣቱ።

4. ቅድሚ ነቲ ሰብ ብብሕቲ ምርካብካ፡ ካብ'ቲ ተካይዶ ዝርርብ እንታይ ከም እትደሊ ወስን። እንታይ ዓይነት ውጽኢት'ዩ ዘዕግበካ? ካብ ጠባይ ናይ'ቲ ሰብ ብምብጋስ ኣብ መጻኢ ከምኡ ንኸይደግም እንታይ'ዩ ትጽቢትካ? ዕላማኻ ኣነጽር። እንተዘይኮይኑ፡ ኣብ'ቲ እተካይዶ ብሑት ዝርርብ ትርጉም ዘይብሎም ቃላት ክትድርድር ኢኻ።

5. ምስ እቲ ሰብ ኣብ መጻኢ ከምኡ ንኸይድገም ኣብ ስምምዕ ብጻሕ። እዚ'ንኽልቲኡ ወገን ኣብ ዝመጽእ ኣጋጣሚታት ብኸመይ ከም ዝቕጽል ንምውጣን ይሕግዝ።

6. መዛርብትኻ፡ ኣብ'ቲ ዝተኻየደ ምርድዳእ፡ ሓሳባተይ ተቐባልነት ኣይረኸበን፡ ተዓብሊለ'የ ምስ ዝብል፡ ነቲ ስምምዕ ከኽብሮ ስለ ዘይኽእል፡ ኣብ ሓደ ርትዓዊ መዛዘሚ ምብጻሕ ሓጋዚ'ዩ።

7. ነዚ ካብ ቁ.1 ክሳብ ቁ.6 ተዘርዚሩ ዘሎ ምኽርታት ተግቢርካ ለውጢ ምስ እትስእን፡ እንተጨደርካ፡ እንተተጋራጨኻ ምኽንያትካ ቅቡል ይኸውን። ኣብ ዓለም እቲ ዝሓየለ ሰብ ሕርቃኑ ዝቆጻጸር ሰብ'ዩ።

ሕርቃኑ ዝቆጻጸር
ሰብ፡ እቲ ዝሓየለ ሰብ እዩ!

ንኣሉታ ኣወግድ

ኣብ ሰባት ሕማቕ ስምዒት ዘሕድር፡ ኣሉታዊ ኣበሃህላ'ዩ ነዚ ዘይፈልጥ ክዕወት ኣይክእልን። ኣሉታዊ ኣበሃህላ፡ ምንቃፍ፡ ምቅዋም፡ ምዕዝምዛም… ወዘተ የጠቓልል። ሃናጺ ነቐፌታ ኣብ ዕብየት ደቂ-ሰብ ሓጋዚ ስለ ዝኾነ፡ ከይበዝሐ ብመልክዕ ርእይቶ ምስ ዘወሃብ ሃናጺ ይኸውን፡ ብኻልእ መንገዲ ግን ኣዕናዊ'ዩ። ኣብ ናይ ካልኦት ስራሕ ጌጋ ምርካብ፡ ብዙሕ መንፍዓት ኣይሕትትን። ኣሉታዊ ካብ ኣወንታዊ ቃል ከም ዝሕይል ኣይትዘንግዕ። ንኣብነት ንፉዕ ኢኻ ግን ኣይትዕወትን ኢኻ። ምስ እትበሃል፡ ኣየነይቲ ቃል ዝያዳ ተሕምመካ? መልሱ ፍሉጥ'ዩ "ኣይዕወትን" እትብል ቃል'ያ። ኣወንታዊ ጽልዎ ዘለዎ ስራሕ ናይ ስራሕ ኣከባቢ ንድኹማት የበርትዕ። ኣሉታዊ ጽልዋ ዘለዎ ናይ ስራሕ ኣከባቢ ግን ንንፉዓት የድክም። ዝጥቀስ ዘሎ ኣወንታውን ኣሉታውን ጽልዋታት፡ ብባህርይ ደቂ ሰብ ኣብ ክልተ ከፊልና ክንሪኦ ንኽእል።

ብባህርይ ንሰባት ኣብ ክልተ ዝኸፍል ሰሌዳ

ኣሉታውያን ሰባት	ኣወንታውያን ሰባት
መጉሃይቲ	መተባባዕቲ
ጭንቐት ዘወስኹ	ፍሕሹው ገጽ ዘርእዩ
ዕላማ ዘይብሎም	ብጽሑፍ ዝተታሕዘ ንጹር ዕላማ ዘለዎም
ውጥን ዘይብሎም	ብውጥን ዝንቀሳቐሱ
ካብ ውድቀት ዝፈርሑ	ነብሰ ተኣማንነት ዘለዎም
ብሽግር ዝተኸበ	ሰፊሕ ሓንጎል ዘለዎም
መማረርቲ	ንሽግር ዝምክቱን ዝፈትሑን፡
ጠቀንቲ	ንነብሶም ዝመስሉ
ንነብሶም ዘደናግሩ	ንሓይሎምን ድኻሞምን ብንጽህና ዝኣምኑ፡
ናይ ካልኦት ሕልምን ተስፋን ዘማህምኑ።	ሕልምን ተስፋን ካልኦት ዝድግፉ።

ልክዕ ከም'ቲ ኣብ ዘንቢል ዝመልአ ቱፋሕ፡ ሓንቲ ዝተበላሸወት ንኻልእ ከይትልክመልና እንኣልያ፡ ኣብ ሰባት'ውን ኣሉታዊ ኣተሓሳስባን ኣጠማምታን ዘለዎ ሰብ ብኣግኡ ፈሊኻ ኣለሊኻ ምእላዩ ኣገዳሲ'ዩ። ንኣሉታውያን ግቡእ ኣተሓሕዛን ኣተኣላልያን ንምግባር፡ ንመለለይ ባህርያታቶም ምጽናዕን ምምሃርን ኣገዳሲ'ዩ።

ኣሉታውያን ብሓፈሻኡ፡-

1. ንነብሶም ባዕሎም ብዝብልዎ የታልሉ፡
2. ይነቕፉ፡
3. ይቃወሙ፡
4. የዕዘምዝሙ፡
5. ጌጋ የናድዩ፡
6. ኣይከውንን'ዩ፡ ኣይከኣልን'ዩ ዝብሉ ቃላት የዘውትሩ፡
7. ሕማቅ ጥራሕ ይጽበዩ፡
8. ዕላማን መኣዝንን ኣይሕዙን፡
9. ብጌግኦም ንካልኦት ይወቕሱ፡
10. ተስፋ ዝቖረጸ ገጽ የርእዩ፡
11. ንህይወትን ሰባትን የማርሩ፡
12. ብኹሉ ነገርን ሰብን ዕግበትን ኣይረኽቡን፡
13. ንካልኦት ይጐቱ እምበር ኣይሕግዙን፡
14. ቀናኣትን ሓመይትን እዮም።

ሕማቅ ነጋዳይ ንዘይምዕዋቱ፡ ናብ ነብሱ ዘይኮነ ናብ ዝሸጦ ንብረት'ዩ ዘጸግዕ። ካብ ዘዘውትርዎ ቃላት፡ ዋጋታት ከቢሩ፡ እኹል ንብረት ኣይተረኽበን፡ ሕማቅ ናይ ንግዲ ቦታ፡ እዚ ነጋዳይ ዝቕበረሉ'ምበር ዝሰርሓሉ ኣይኮነን… ወዘተ።

ኣሉታዊ ቃላት ካብ ኣወንታዊ ቃላት ከም ዝሕይሉ ብምርዳእ ብፍላይ ኣብ ንግዲ ዝዋፈር ኣብ ልዕሊ ካልኦት ኣሉታዊ ስምዒት ከየሐድር ክጥንቀቕ ኣለዎ።

ኣወንታዊ ጽልዋ ንኽህልወካ ዝሕግዙ፡ 7 ነጥብታት፡-

1. ኣሉታ ፈሊኻ ተረዳእ።
2. ምስ ካልኦት እትገብሮ ርክብን ምዝርራብን ኣሉታዊ ጽልዋ ንኸይህልዎ ኣረጋግጽ።
3. ኣሉታዊ ኣተሓሳስባ ንኸይህልወካ ብቐጻሊ ኣረጋግጽ ምኽንያቱ ነብስኻ ጥራሕ ኢኻ እትሃሲ።
4. ኣብ ከባቢኻ ብናይ ካልኦት ኣሉታዊ ጽልዋ ዘይብሳዕ መከላኸሊ ህነጽ። እዚ ንዓንቀፍቲ ነቐፌታታትን ምዝርራብን ብኣግኡ ብምልላይ ክትገብሮ ትኽእል።
5. ብቐጻሊ ብዛዕባ ትካልካ ወይ እትካይዶ ስራሕ ሕሰብ። ኣብ ኣከባቢኻ ኣሉታዊ ጽልዋ ምስ ዘጋጥመካ፡ ምስ ኣወንታዊ ኣተሓሳስባ ዘለዎም ሰባት ምኸር፡ ምስ ካባኻ ዝነፍዑ ሓቢርካ ስራሕ።
6. ዝሓልየልካን ዝግደሰልካን ምስ ዝነቐፈካ ብኣሉታ ኣይትጠምቶ፡ ስለምንታይ'ዩ፡ ከም'ዚ ዝበለ፡ ዝገበረ? ኢልካ ንነብስኻ ሕተት፡ ካብ'ቲ ኣሉታ ኮይኑ ዝተሰመዓካ ኣወንታ ክትረክብ ስለ እትኽእል።
7. ጸረ-ኣሉታውያን እትጥቀመሎም ቃላት ኣማዕብል።

ንለውጢ ተቐበል

ኣብ ህይወት ከይተቐየረ፡ ሓደ ባህርይ ሒዙ ዝነብር ነገር ኣዝዩ ዉሑድ'ዩ። ንለውጢ ተቐቢልካ ስለ ዘይመከትካዮ፡ እትፈርሖ ሳዕቤን ከይኮነ ይተርፍ ኢልካ ምሕሳብ የዋህነት'ዩ። ንለውጢ ክትቅበል ምቕራብ ማለት፡ ንነብስኻ ብግቡእ ንኽተመሓድር ምቕራብ ማለት'ዩ። ንለውጢ ምግጣም ሓደ ካብ ዘፍርሑ ተመኩሮታት ሂወት ደቂ-ሰብ'ዩ። ምኽንያቱ ብዛዕብ መጻኢ ዉጽኢት ንጹር መረዳእታ ስለ ዘይህሉ። ግን ንለውጢ ተቐቢልካ ምስ ዘይትገጥሞ ድሕሪት ትስራዕ። ኩሉ ዝፈተነ ይሓልፈካ። ምስ ብጾትካ ሓቢርካ ምጉዓዝ ካብ ጸኒሕካ ምርካብ ከምዝበልጽ ኣይትረስዕ። ንለውጢ እትምክተሉ ሜላ ምጥራይ ማለት፡ ምስ ሕብረተ ሰብ የጓዕዝ ጥራሕ ዘይኮነ፡ ውሕስነት ህላወን ቀጻልነትን እዩ። ንለውጢ ምግጣም ብርቱዕ ነገር ኣይኮነን። ለውጢ ብሰለስተ መንገድታት ምግጣሙ ይከኣል።

1. ክእለትካ ብምስፋሕ፡- ተወሳኺ ትምህርትን ሜላታትን ብምምሃር፡ ዘተፈላለዩ

ነገራት ብምፍታን ክእለትካ ክተስፍሕ ይከኣል። ሰፊሕ ክእለት፣ ንለውጢ ብዝተፈላለዩ መንገድታትን ሜላታትን ንኽትገጥሞ ዘኽእል መሳርሒ'ዩ።

2. ፍልጠትካ ምዕባይ፦ ሓደስቲ ሓበሬታትት ብምእካብ ምስ ሓደስቲ ምዕባሌታት ብምልላይ ፍልጠትካ ምዕባይ ይከኣል። ናይ'ዚ ቀንዲ ደራኺ ሓይሊ ናይ ምንባብ ባህሊ ምጥራይ'ዩ።

3. ባህርኻን ጠባይካን ኣመሓይሽ፦ ብኽፉት ልብን ኣእምሮን ንለውጢ ክትቅበል ተለማምድ። ዝሓሸ ኣማራጺ ንትግባረ ነገራት ክትርኢ ክለኻ፣ ለውጢ ግበር።

ሻድሻይ ምዕራፍ
ዝምድና

ጥዑይ ዝምድና

ሰባት ብዛዕባ ምሕርፋፍ ዝምድንኦም ክዛረቡ ምስ ዝጅምሩ ዝቐርበሎም ሕቶ እቲ ልክዕ ሽግር እንታይ ምዃኑ ንኽሕብሩ'ዩ። መብዛሕትኡ ሰብ ዘቕርቦ ሕቶ፡ ጽን ኢሉ ድሕሪ ምስማዕ ኣጽቂጡ ድሕሪ ምጽናሕ ነቲ ዝምድና ኣበየናይ ደረጃ በጺሑ ምህላው ዝምርምር'ዩ። ዝምድንኡ ብምሕርፋፉ ሕማቕ ስምዒት ዝሓደሮ ዝህቦ መልሲ ድማ ንገለ ኣጋጣሚ ምስ መጻምድቱ ዘጋራጨዎ ምጥቃስ ጥራሕ ክኸውን ይኽእል። እቲ ምፍሕፋሕ ብኸመይ ከም ዝማዕበለ ተንቲንካ ምግላጽ ግን የሸግር። እዚ መፍትሒ ክኸውን ስለ ዘይክእል ዕድመ ግርጭት ሓጺሩ ሰላምን ቅሳነትን ንኽሰፍን ሓቀኛን ንጹርን ደረጃ ዝምድናኻ ፈሊጥካ ስለምንታይ ንዝብል ሕቶ መልሲ ክረክቦ ኣለዎ። ዝምድናኻ ብኸመይ ይምዕብል ወይ ይዓኑ ኣሎ ብልክዕ ክትፈልጦ ክትክእል ኣለካ። ነቲ "ፍርቂ ፍታሕ ናይ ሓደ ግድል ነቲ ግድል ብንጹር ምፍላጥ'ዩ" ዝብል ምስላ ብግብሪ ክትሰርሓሉ ኣለካ። ብቐልል ዝበለ ኣዘራርባ ዝምድናኻ ማዕረ ክንደይ ጽቡቕ ወይ ሕማቕ ምህላዉ ፈሊጥካ እንታይ'ዩ ከምኡ ንክኸውን ዝደረኸ ሓይሊ ኣጽንዕ። ንዘይፈለጥካዮ ወይ ዘይኣመንካሉ ክትቅይሮ ወይ ክትፍውሶ ዝከኣል ኣይኮነን። ካብ ኩሉ ንላዕሊ ንስኻ ባዕልኻ ዝምድናኻ ናብ'ቲ ዘለዎ ደረጃ ንኽበጽሕ ዘበርከትካዮ ኣወንታውን ኣሉታውን ተራ መርምር። ንዝምድናኻ የሐርፌፍዎ ይኽእል ዝበልካዮ ወይ ዝገበርካዮ ነገር ብልክዕ እትፈልጦን እትተኣማመነሉን ድዩ ወይስ ብጥርጣረን ዝንቡዕ ርድኢትን ዝነቐለ'ዩ? ከምኡ ዘግበረካ ሕጽረት ክእለት ናይ ምዝርራብን ምርድዳእን ድዩ? ናይ ምድፍፋእ ባእሲ፡ ቅንኢ ብሓፈሽኡ ስእነት ወይ'ውን ካብ'ዚ ወጻኢ ካልእ ጠንቂ'ድዩ?

ብንጹር ፍለጦ። እቲ ሓዲሩኳ ዘሎ ሕማቕ ስምዒት'ውን ካብ ዝምድንኻ

ወጻኢ. ምስ ካልእ ነገር ምትእስሳር ከይህልዎ ምፍላጥ ኣገዳሲ'ዩ። ኣይትጋገ! ጥዕና ዘይብሉ ዝምድና ልክዕ ከም ኩሉ ዝሓመመ ነገር ሕማሙ ተመርሚሩ ብኣግኡ ክፍወስ ኣለዎ። ግጉይ ፍወሳ፡ ጽቡቕ ኣለኹ እናበልካ ናብ ዕንወት ዝመርሕ ስለ ዝኾነ፡ ጥንቃቐ ኣዝዩ ኣገዳሲ'ዩ። ንጠንቅን ሳዕቤንን ሽግር ዝምድናኻ ንምድሓን ዝውሰድ ስጉምቲ፡ ለውጢ ዘምጽእ ምትእትታው ክኸውን ኣለዎ። ነዚ ንምትግባር ብዙሕ ስልጠናን ክኢላዊ ዓቕምን ዝሓትት ኣይኮነን። ብዛዕባ እቲ ዝምድና ዘለካ ንጽህናን እትጻወቶ ተራን'ዩ ወሳኒ። ነብስኻ ምትዕሽሻው ወይ ዕረ ብሽኮር ሽፊንካ ናብ ኣፍካ ምእታው ስለ ዘይከኣል፡ ጌጋኻ ምእማን ዝሓርፈፈ ዝምድና ንምፍዋስ ጥጡሕ ባይታ ንምፍጣር ማለት'ዩ። ንነብስኻ፡ ሕራይ ቁሩብ ለውጢ ክገብር'የ ኢልካ ኣይትምከራ፡ እቲ ነገር ካብ ኣመንካሉ ዓቢ ለውጢ ክትገብር ሕልን፡ እቲ ሽግር፡ ሓደ ካብ ተጻምድቲ ኣብ ልዕሊ ብጻዩ ብቐጻሊ ምስ ዝምድነኦም ብዘይተኣሳሰር ነገር ጭንቀትን ብስጭትን ይፈጥር ከይህሉ? ክልቲኦም ተጻመድቲ፡ ሓላፍነት ስድራ ተሰኪሞም፡ ወለዲ ስለ ዝኮኑ፡ ኣእሩኽን ፍቑራትን ምኻኖም ዘንጊዖም ከይኮኑ? ሓድሕዳዊ ምክብባርን ቀላሕታን ስኢኖም ከይኮኑ? እቲ ጠንቂ ምቁራጽ ጾታዊ ርክብ ከይከውን? ካብ መጻምድትኻ ብሰንኪ ቅድሚ ዓሰርተ ዓመታት ዝተፈጸመ ነገር ርሒቕኻ ከይትህሉ? ብሰንኪ ሕሉፍ ዝምድና ሓደ ወገን ምስ ካልእ ዝሰፈነ ወጥሪ ከይከውን? ወይ'ውን ጠንቂ ካብ'ዚ ዝተጠቕሰ ወጻኢ. ክኸውን ስለ ዝኽእል፡ ንዝንቡዕ ኣተሓሳስባኻን ርድኢትካን፡ ጌጋኻን ኣሚንካ፡ ንጹህ ሕልና ምቕራብ'ዩ እቲ ፈውሲ። ክቡር ኣንባቢ፡ እዚ ጽሑፍ'ዚ ከም ተራ ጽሑፍ ኮፍ ኢልካ እትሓልፎ ኣይኮነን።

ምሕርፋፍ ዝምድና ኣብ ሓዳር፡ ስራሕ፡ ትምህርቲ፡ ዕርክነት... ወዘተ ንኹሉ ብሓባር ዝጸሉ ስለ ዝኾነ፡ ንስኻ/ኺ'ውን ካብቲ ዓንኬል ወጻኢ ክትከውን/ ክትኮኒ ስለ ዘይትኽእል/ሊ፡ ብርዕኻን ወረቐትካን ሒዝካ፡ ዝምድናኻ ናብ ንቡር ንምምላስን ምድሓንን ካብ ምጅማር ክሳብ ምፍጻም፡ ጎድኒ-ጎድኒ'ዚ ሓባርን መሃርን ጽሑፍ ተጓዓዝ። ጠንቂ ንስኻ ሳዕቤን ድማ ንዓኻን ከባቢኻን ክኸውን ስለ ዝኽእል፡ ኣብ'ዚ መዳይ ለውጢ ንምምጻእ መሪሕ ተራ ክትጻወት ይግበኣካ። ናይ ገዛእ ርእስኻ ስምዒታት ንኽትንክፍ፡ ምሉእ ኣእምሮኻ፡ ልብኻ፡ ኣካልካ ናብ'ቲ ጉዳይ ኣቕንዕ።

መምዘኒ ኩነታት ጥዕና ዝምድና

ንኩነታት ዝምድናኻ ዘነጽር መሕተት ክትምልስ ተዳሎ። መሕተት መምዘኒ ዝምድና 62 ምሉኣት ሓሳባት ዝሓቖፈ ክይኑ ብእወ/ኣይፋል ይምለስ። ሕጂ'ውን ነቲ ዝቐርባልካ ምሉእ ሓሳብ ምስ እትሰማምዐሉ "እወ" ክትምልስ ምስ ዘይትሰማማዓሉ ድማ "ኣይፋል" ንኽትምልስ መጀመርያ ንጽህናን ቅንዕናን ምስ ገዛእ ርእስኻ፡ ካብኡ ቀጺልካ ድማ ብዙሕ ከይተመራመርካ ቀልጢፍካ መልስ። መምርሒ፦ ኣብ ነፍሲ ወከፍ ምሉእ ሓሳብ ካብ'ቲ ተቐሪቡ ዘሎ ክልተ ምርጫ እወ ወይ ድማ ኣይፋል ኣኽብብ።

1	ኣነ ምስ መጻምደይ/ድተይ ብዘለኒ ጾታዊ ርክብ ዕጉብ/ ዕግብቲ እየ።	እወ/ኣይፋል
2	መጻምደይ/ድተይ ጽን ኢሉ/ላ ኣይሰምዓንንን'ዩ ኣይትሰምዓንን'ያ።	እወ/ኣይፋል
3	ኣነ ንመጻምደይ/ድተይ ይኣምኖ/ና'የ።	እወ/ኣይፋል
4	ላዕልን ታሕትን ዝተጋላታዕኩሉ ኮይኑ ይስምዓኒ'የ ።	እወ/ኣይፋል
5	ብዛዕባ መጻኢ ህይወትና ትስፋው/ቲ'የ።	እወ/ኣይፋል
6	ስምዒተይ ከካፈል ንዓይ ከቢድ'ዩ።	እወ/ኣይፋል
7	መጻምደይ/ድተይ ኩሉ ግዜ "የፍቅረካ/ኪ" እ/ትብለኒ።	እወ/ኣይፋል
8	ሓደ ሓደ ግዜ ሞራል እጥፍእ	እወ/ኣይፋል
9	ዝነኣድ ኮይኑ ይስምዓኒ።	እወ/ኣይፋል
10	ኣነ ካብ ቁጽጽር ወጻኢ'የ።	እወ/ኣይፋል
11	ኣብ ጽንኩር ኩነታት ብጻየይ/ብዘይተይ ምሳይ'ዩ/ያ።	እወ/ኣይፋል
12	መጻምደይ/ድተይ ኣብ ወቐስኡ/ወቐሳኣ ደፋር'ዩ/ያ።	እወ/ኣይፋል
13	መጻምደይ/ድተይ ይርድኣኒ'ዩ/ትርድኣኒ'ያ።	እወ/ኣይፋል
14	መጻምደይ/ድተይ ሰልክይዎ/ዋ ከይከውን እፈርሕ።	እወ/ኣይፋል
15	መጻምደይ/ድተይ ኣብ ሓንጎሉ/ላ ዘሎ ነገር ኣየካፍልን/ ኣይተካፍልን።	እወ/ኣይፋል
16	ነብሰይ ከም ዝተፋታሕኩ ገይረ ይሓስብ።	እወ/ኣይፋል
17	ዝምድናይ እቲ ኩሉ ዝሓልሞ'ዩ።	እወ/ኣይፋል
18	ኣነ ቅኑዕ ምኳነይ እፈልጥ'የ።	እወ/ኣይፋል
19	መጻምደይ/ድተይ ብኽብረት ይሕግዘኒ/ትሕግዘኒ።	እወ/ኣይፋል
20	መጻምደይ/ድተይ ተበላጺት'ያ/ተበላጺ'ዩ።	እወ/ኣይፋል
21	ኩሉ ግዜ ብሓባር ንሕጎስ።	እወ/ኣይፋል
22	ሓደ ሓደ ግዜ ንብጻየይ/ንብጸይተይ ክሃሲ እደሊ።	እወ/ኣይፋል
23	ዝተፈቐርኩ ኮይኑ ይስምዓኒ።	እወ/ኣይፋል
24	ኣነ ንሽግር ካብ ምፍትሑ ምሕሳው እመርጽ።	እወ/ኣይፋል
25	ጌና ኣብ ዝምድናና ልዑል ሓልዮት ኣለና።	እወ/ኣይፋል
26	ኣነ ኣብ ክሃድመሉ ዘይክእል መጻወዲያ ወዲቐ'የ።	እወ/ኣይፋል
27	መጻምደይ/ድተይ ምሳይ ምኳን ሓጉስ ይስመዮ/ዓ።	እወ/ኣይፋል
28	ዝምድናና ኣሰልካዪ ኮይኑ።	እወ/ኣይፋል

29	ናብ ቀጸራታት በበይንና ክንከይድ ንደሊ።	እወ/ኣይፋል
30	መጻምደይ/ድተይ ብኣይ ይሓፍር/ትሓፍር።	እወ/ኣይፋል
31	ነንሕድሕድና ንተኣማመን።	እወ/ኣይፋል
32	ዝምድናና ኣብ ሓደ ገዛ ሓቢርካ ምቅማጥ ጥራሕ ኣይኮነን።	እወ/ኣይፋል
33	ኣነ መጻምደይ/ድተይ ከምዘይገድፈኒ/ከምዘይትገድፈኒ እፈልጥ'የ።	እወ/ኣይፋል
34	ኣነ ብኣካላተይ ሕጉስቲ/ሕጉስ ኣይኮንኩን።	እወ/ኣይፋል
35	መጻምደይ/ድተይ የኽብረኒ'ዩ/ተኽብረኒ'ያ።	እወ/ኣይፋል
36	ብጻይ/ብጸይተይ ብቑጻሊ ምስ ካልኦት ት/የዋርደኒ።	እወ/ኣይፋል
37	ንብጻየይ/ንብጸይተይ ጌና ይደልዮ/ያ እየ።	እወ/ኣይፋል
38	ዝተፈላለየ ነገራት ኢና እንደሊ።	እወ/ኣይፋል
39	ንነብሰይ ክሓስብ እፍቀደኒ'ዩ።	እወ/ኣይፋል
40	መጻምደይ/ድተይ ዓቕለይ የጽብበለይ/ተጽብበለይ።.	እወ/ኣይፋል
41	ኣነ ምስ መጻምደይ/ድተይ ቅንዕና ኣለኒ።	እወ/ኣይፋል
42	ሰባት ብዛዕባ ዝምድናና ፍልጠት የብሎምን።	እወ/ኣይፋል
43	መጻምደይ/ተይ ርእይቶ ንምቕባል ክፉት ልቢ ኣለዎ/ዋ።	እወ/ኣይፋል
44	መጻምደይ/ድተይ ረሲዕኒ/ረሲዓትኒ።	እወ/ኣይፋል
45	መጻምደይ/ድተይ ደጋፊ ምንጪ ሰምዒተይ'ዩ/ያ።	እወ/ኣይፋል
46	ኣነ ብብጻየይ/ብብጸይተይ ዝተደፈርኩን ዝተነጸግኩን ኮይኑ ይስምዓኒ።	እወ/ኣይፋል
47	ክሓርቕን ክጉህን ከለኹ ብጻየይ/ብጸይተይ ይግደሰለይ/ትግደሰለይ።	እወ/ኣይፋል
48	መጻምደይ/ድተይ ከም ቆልዓ ጌሩ ይሕዘኒ/ትሕዘኒ።	እወ/ኣይፋል
49	መጻምደይ/ድተይ ንዝምድናና ልዕሊ ኩሉ ነገር ይሰምዖ/ትሰርዖ።	እወ/ኣይፋል
50	ኣነ መጻምደይ/ድተይ ከዕግቦ/ባ ኣይክእልን'የ።	እወ/ኣይፋል
51	መጻምደይ/ድተይ ንታሪኽይ ክሰምዖ ይ/ትፈቱ።	እወ/ኣይፋል
52	ኣነ መጻምደይ/ድተይ ብጌጋ ምኽንያት'የ መሪጸዮ/ያ።	እወ/ኣይፋል
53	ኣነ ንመጻኢ ናይ ሓባር ህይወትና እጥምት።	እወ/ኣይፋል

54	መጻምደይ/ድተይ ኣብ ዓራት ብኣይ ዕጉብ/ቲ ኣይኮነን/ኣይኮነትን።	እወ/ኣይፋል
55	መጻምደይ/ድተይ ንዓይ ምርካቡ/ባ ዕድለኛ'ዩ/ያ።	እወ/ኣይፋል
56	መጻምደይ/ድተይ ከም ሰራሕተኛ ጌሩ/ራ ይ/ትሕዘኒ።	እወ/ኣይፋል
57	ኣነ ብሰጭተይ ስለ ዘካፍል ይዕወት።	እወ/ኣይፋል
58	ኣነ ብዝምድና ኣዕሩኽተይ/መሓዙተይ እቐንእ።	እወ/ኣይፋል
59	ኣድላዪ ምስ ዝኸውን መጻምደይ/ድተይ ክከላኸለለይ'ዩ/ክትከላኸለለይ'ያ።	እወ/ኣይፋል
60	ኣነ መጻምደይ/ድተይ እጥርጥሮ'የ/እጥርጥራ'የ።	እወ/ኣይፋል
61	ኣነ መጻምደይ/ድተይ የድልዮ/ያ'የ።	እወ/ኣይፋል
62	መጻምደይ/ድተይ ብኣይ ይ/ትቐንእ።	እወ/ኣይፋል

ኣብ መወዳእታ ንድሕሪት ተመሊስካ ንኹሉ "እወ" ዝመለስካዮ ምዕሩይ ቁጽሪ (even number) ማለት 2,4,6,8 ክሳብ 62 ፈቒድካ ደምሮ ከምኡ'ውን እንደገና ንድሕሪት ተመሊስካ ንኹሉ "ኣይፋል" ዝመለስካዮ ዘይምዕሩይ ቁጽሪ (odd number) ማለት 1,3,5,7 ክሳብ 61 ፈቒድካ ደምሮ። ኣብ መደምደምታ ንኽልቲኡ ምዕሩይን ዘይምዕሩይን ጠቕላላ መልስታትካ ደምር።

ድምር ናይ "እወ" መልሲ ኣብ ምዕሩይ ቁጽርታት	
ድምር ናይ "ኣይፋል" መልሲ ኣብ ዘይምዕሩይ ቁጽርታት	
ጠቕላላ ድምር	

ሓበሬታ፦ እዚ ፈተና'ዚ ንጥዕና ዝምድናኻ ብቕልጡፍ ኩነታቱ ንኽትፈልጥ ዝሕግዝ ኮይኑ ንጥዕናን ኩነታት ዝምድና ኣብ ጠቕላላ ውጽኢት መልስታት ተመርኲሱ ኣብ ኣርባዕተ ደረጃታት ይኸፍሎ።

32 ልዕሊኡን	ክዕረ ዘክእል ዝምድና
20-32	ናብ ሕማቕ ዘምርሕ ዘሎ ዝምድና
11-19	ደሓን ዝኾነ ዝምድና
ትሕቲ -11	ሽግር ዘይብሉ ጥዑይ ዝምድና

ኣብዚ ቀረባ ግዜ ኣብ ሃገረ-ሽወደን ኣብ ዝተገብረ መጽናዕቲ፡ ምሕርፋፍ ዝምድና ንሰባት ሕማቕ ባህርይ ከም ምትካኽ ሽጋራ፡ ምዝውታር ኣልኮላዊ መስተ፡ ምስ ዘይትፈልጦ ሰብ ሓድሽ ዝምድና ምጅማር፡ ኣምሲኻ ገዛ ምእታው... ወዘተ ከም ዘማዕብሉ ስለ ዝገብሮም ኣብ ርእሲ'ቲ ዘሰዕቦ ብስጭትን ተስፋ ምቑራጽን ንዕድሚኦም'ውን ከምዝሕጽር ክፍለጥ ተኻኢሉ። በዚ መሰረት፡ ጽቡቕ ዝምድና ዘለዎ ሰብ ኣብ ዕድሚኡ 20 ዓመት ክውሰኽ ከሎ ሕማቕ ዝምድና ዘለዎ ሰብ ድማ ብኣንጻሩ 20 ዓመት ካብ ዕድሚኡ የጉድል።

ሸውዓተ ዓይነት ሓዳር

5

6

7

ቁ.1	ብፍቕሪ ተሓቛቑፍካ ምንባር
ቁ.2	ዓመጽ ዝመልአ ሓዳር
ቁ.3	ሕሉፍ ኣኽብሮት ዝመልአ ሓዳር
ቁ.4	ምቁጽጻር ዝመልአ ሓዳር
ቁ.5	ህልኽ ዘለዎ ሓዳር
ቁ.6	ምትሕልላው ዘለዎ ሓዳር
ቁ.7	ኣብ ምትሕግጋዝ ዝተሰረተ ሓዳር

ቀጻልነት ዝምድና ዘውሕስ ብልጫታት

ብተመኩሮ ተጸኒዑ ከም ዝተረጋገጸ፡ ቀጻልነት ዝምድና፡ ቀጻሊ ክንክን ዘድልዮ ጉዳይ ሙኻኑ'ዩ ዘረድእ። እቲ ክንክን ድማ ቅድሚ ንኻልእ ሰብ ምሃብካ ኣብ ዉሽጥካ ተኾስኩሱ ክዓቢ ኣለዎ። ነብስኻ ምስ ተፍቅር፡ ብዘለካ ምስ እትዓግብ ምሉእነት ምስ ዝስመዓካ፡ ንኻልኦት ከም ዘለውዎ ተቀቢልካ ንኽትፍቅር ውሕስነት ዝህብ ስለ ዝኾነ። ምስ ገዛእ ርእስኻ ድልዱል ዝምድና ምምስራት እምነ-ኩርናዕ ጥጡሕ ዝምድና'ዩ። ቀጻልነት ዝምድና በዞም ዝስዕቡ 10 ብልጫታት ክረጋገጽ ይኽእል።

1.ሓቅን ቅንዕናን፡-

ምስ ነብስኻ ሓቀኛ ኩን። ናይ ገዛእ ርእስኻ ሓቂ ወንን። እትውንኖ ሓቂ ምስ ካልኦት ተዘራረበሉ። እትሓስቦን እትብሎን ሓቂ ለበስ ይኹን። ምስ ገዛእ ርእስኻን ካልኦትን ሓቀኛ ባህርይኻ ምቕላዕ ንቐጻሊ ኣንፈት ዝምድና ብንጹር ዝሕብር መንገዲ'ዩ። ካብ ሓቂ ፈሊሳ እትዓቢ ተኽሊ ቅንዕና፡ ዝምድና ዝምገቦ ፍረ ተፍሪ።

2.ምሉእነት፡-

ኩሉ ግዜ ካብ ገዛእ ነብስና ቁሩብ ነገር ምልዋጥ ወይ ምሃብ ከም እንፍቅር ዝገብርና ኮይኑ ይስመዓና። ዕብየት የድልየና ይኸውን። ሓደ ኣድላዪ ነገር ምሃብ ግን ኣድላይነት የብሉን። ሓደ ሰብ ንነገራት ብብዝሒ ብምክፋሉን ንዕኡ ጥራሕ ብምብሓቱን እዩ መስዋእቲ ዝኽፍል። ብዙሕ እትህብ፡ መጀመርያ ንነብስኻ ከምዘላቶ ምስ እትቕበላን እተፍቅራን ጥራሕ እዩ። ምሉእነት ከይተሰመዓካ ንኻልእ ክትህብ ወይ ክትምልእ ዝከኣል ኣይኮነን።

3.ምሉእ ምስሊ ምርኣይ፦

ብዛዕባ ነብስኻ ንኻልኦትን ኩነታት ሙሉእ ምስሊ ምርኣይ ንቐጻልነት ዝምድና ሓጋዚ እዩ። መብዛሕትና ኣብ ጽቡቕ ወይ ሕማቕ ሸነኽ ጥራሕ ነድህብ። ከነዛምድ ከለና ግን ሙሉእ ምስሊ ናይ ነገራት ክረኣየና ሓጋዚ እዩ። ኣዚ ድማ ንኹሉ ህሉው ክውንነት፣ተኽእሎታት፣ ሓጐስን ቃንዛን የጠቓልል። ሓደ ሓደ እዋን ሓቂ ምፍላጡ ዘቖንዙ ተመኩሮ ይኸውን። ግን ዘይምፍላጡ ኣጸቢቑ ኣቖንዛዊ እዩ።

4.ካብ ልቢ ምውሳእ፦

መብዛሕትና ኣብ ዝምድናና፣ ካብ ክሳድ ንላዕሊ ከምዝበሃል ብርእስና ጥራሕ ኢና እንዋሳእ። ንሳዕቤናት ስለ እነቐድም ንኽይንጉዳእ ብልቢ ምውሳእ ንጸልእ። ካብ ልቢ ምውሳእ ትብዓት ይሓትት። ምኽንያቱ ንኹሉ ኣንተታት ገዲፍካ ዝስመዓካን ዝመስለካን ምርድዳእ ንነገራት ድማ ብኹፉት ልቢ ምቕባል ስለ ዝኾነ። ልብኻ ከፊትካ ምቅርራብ ንጥዕና ዝምድና ኣዝዩ ሓጋዚ እዩ።

5.ህላው፣ ምርካብን ምግዳስን

ምስ ብጻይካ ምህላው ከምኡ'ውን ኣብ ዝደልየካ እዋን ምርካብ ማዕረ ክንደይ ፈውሲ ሙኳኑ ዘዘንግዖ የለን። ምህላውን ምርካብን ማለት ምስ ብጻይካ ብኣካል፣ ብስምዒት፣ ብኣእምሮ ከምኡ'ውን ብመንፈስ ብኹፉት ልቢ ምውሳእ፣ ንነገራት ምቕባል፣ ንዕኡ'ውን ከም ዘለዎ ምቕባል ማለት እዩ። ህላወ ንደቂ ሰብ ዝሓዊ ኣይኮነን።

ጥዑይ ዝምድና ብቐጻሊ ምእላይ ይደሊ። ንኣብነት 85% ናይ ወልፊ ሸጋራን መስተን ዝቋረጹ ሰባት፣ ኣብ ውሽጢ ሓደ ዓመት ናብ'ቲ ልሙድ ኣዕናዊ ባህሪኦም ይምለሱ። ምኽንያቱ ኣብ ህይወቶም ኩሉ መዳያዊ ለውጢ ምሕደራ ስለዘየተኣታተዉ። ኣብ ዝምድና'ውን ተዓሪቕካ ኤርካ ምብኣስ፣ ገዲፍካዮ ዝነበርካ ባህርይ ምንጽብራቕ ባህርያዊ ተርእዮ'ዩ። ስለ'ዚ ሓድሽ ሕጊ ዝምድና ብተኣምራት ንዘልኣለም ዝምድናኻ ዝፍውስ መድሃኒት ክኸውን ኣይትሕሰብ።

እትደልዮ ዝምድና ቀጻልነት ክህልዎ፡ ሕሉፍ ባህርይኻ ሙሉእ ብሙሉእ ሕደጎ። ሕድገት ግዳማዊ ንይምሰል ዘይኮነ ካብ ውሽጢ ብምርዳእን እምነትን ክኸውን ኣለዎ። ዝነበረካ ጠባይን ባህርይን ሓዲግካ ኣብ ዝምድናኻ ምምሕያሽ ምስ እተርኢ፡ ብእኡ ቀጽል። ለውጢ ኣንተደአ ደሊኻ ለውጢ ግበር። ልዕሊ ኩሉ ምስ መጻምድትኻ ቀጻሊ ሓደ ዓይነት ዝምድና ንኽህልወካ ዝዕንቅፍ ተውርስኣዊ ሓይሊ ከም ዘሎ ኣይትዘንግዕ። ምስ ኣንጻር ጾታ ዝምድና ምምስራት ማለት ንህይወትካ ስነ-ኣእምሮኣዊ፡ ኣካላውን ስምዒታውን ኣንጻር ዝኾነ ነብሲ ብሓባር ምጥማር ማለት'ዩ። ነዚ ተፈጥሮኣዊ ፍልልይ ክድምስስ ዝኽእል መጽሓፍ ፡ ወይ ክኢላ የለን። ኣብ መጻኢ ህይወትካ ዝረአ ነጥብታት ኣሎ። ምናልባት ጽባሕ፡ ዝመጽእ ሰሙን፡ ዝመጽእ ዓመት... ወዘተ ብርግጽ ክትፈልጦ ኣይትኽእልን ። ግን እቲ ፍልልይ ንኽልቴኻ ከም ህጻን ኣብ ሑጻ ሕንጻጽ ብምግባር መን ይደምስሳ ወይ ይስገራ ተባሃሂልካ ከም እትተፋነን ክገብረካ'ዩ። ኣብ'ቲ እዋን እቲ፡ ነቲ ዝረአ ፍልልይ ብግቡእ ክተመሓድሮ እንተዘይክኢልካ ንኹሉ ዝገበርካዮ ሕድገታት ገዲፍካ ንድሕት ክትምለስ ኢኻ። ኣብ መንጎ ሓደ ነገር ምፍላጥን ምትግባርን ዓቢ ፍልልይ'ዩ ዘሎ። ለውጢ ንኽትገብር ምኽኣል ማለት'ውን ንለውጢ ድሉው ካብ ምዃን ፍሉይ'ዩ። ሕሉፍ ታሪኽካ፡ ተምሳላትካን ትጽቢታትካን ብቐጻሊ ንድሕሪት ክመልሰካ ዝነፍስ ብርቱዕ ማዕበል'ዩ። ነዚ ኣሉታዊ መኣዝን ክትሕዘካ ዝደፍእ ሓይሊ ሰዒርካ ንቅድሚት ምግስጋስ ኣጸጋሚ'ዩ። ግን ክትገብር ዝከኣል ሙኻኑ እመን። ንመጻኢ ዝምድናኻ እትውክሶ ሓቀኛ ውጥን ሓዝ። ንኣብነት ምስ ሓመምካ ጥራሕ ብዛዕባ ጥዕናኻ ትግደስ እነተደአ ኮይንካ ብዛዕባ ምሉእ ጥዕና ሕሰብ። ንዝሰዕብ ሕማም ክትቆጻጸር ከሎ ጌና ብዛዕባ ጥዕናኻ ሕሰብ። ኩነታት ኣመጋግባኻ፡ ኣደቃቕሳኻ፡ ኣተሓሳስባኻ... ወዘተ ተቖጻጸር። ኣብ ዝምድና'ውን ብተመሳሳሊ "ማይ ከይ መጸ መንገዲ ውሕጅ ጽረግ" ኢዩ እቲ መፍትሒ። ነዚ ንምትግባር ዘዐውት ዝምድና ናይ ምእላይ ስትራተጂ ክትክተል ኣለካ። ነዚ ዝሰዕብ ነጥብታት ብግቡእ ክትኣሊ ፈትን።

ቀዳምነት ዘወሃቦ፡-

ዝምድናኻ ብሓድሽ ስትራተጂ ንምእላይ፡ ንቀዳምነታትካ ቀሪብካ ብምጽናዕ ኣነጽሮም። ምእላይ ቀድምነታት፡ ቀሊል ዝኸውን፡ ብዛዕባ እትደልዮ ቀዳምነት ንጹር ስእልን ርድኢትን ምስ ዝህልወካ ጥራሕ'ዩ።

ብቀዳምነት እትሰርዖ ነገር፡ ቀዋሚ ጌርካ ብመንጽሩ ንኣተሓሳስባኻ፡

ስምዒትካን ባህርኻን ገምግሞ። ንነብስኻ እዚ ዝስዕብ ቀሊል ሕቶ ኣቕርብ፡ “እዚ ኣተሓሳስባ'ዚ፡ እዚ ስምዒት'ዚ እዚ ባህርይ'ዚ”'ዶ ንቐጻልነት ዝምድናይ፡ ንዘሎ ቀዳምነት ይድግፍ እዩ? እቲ መልሲ ኣይፋል ምስ ዝኸውን ኣብ ሽግር ኣለኻ ማለት'ዩ። ብሕጽር ዝበለ ኣዘራርባ፡ ምስ ንዝምድናኻ ዝሰራዕካዮ ቀዳምነት ዝጻረር ተግባር እንተደኣ ትፍጽም ኣሊኻ፡ ተግባራትካ ኣቓርጽ። ዘለካ ዝምድና ንቀዳምነታትካ ግምት ከይሃብ ንግዚኡ ዝፈጥረልካ ደስታ ይኹን ካልእ ሓይሉ ወዲኡ ከምዝሃስስ ኣይትዘንግዕ።

ቀዳምነታትካ ንምትግባር ዝሑልን ዉዑይን ተጻወር፡ ምጥርጣር ኣወግድ ፡ ጭርሖኻ ክኸውን ይግባእ ዘይኮነ፡ ክኸውን ኣለዎ ይኹን። ቀዳምነታትካ ንምትግባር ብተወፋይነት ንምስራሕ ይሓትት። ውጥን ስራሕካ “ንግዚኡ” ዘይኮነ “ክሳብ” ክኸውን ኣለዎ። እዚ ማለት ድማ ክሳብ'ቲ እትደልዮ ትረክብ ማለት'ዩ።

ጠባይ/ባህሪ፡-

ካልኣይ ዕማም ምእላይ ዝምድና፡ ናብ ሓጐስ ዝወስድ ባህሪ ወይ ጠባይ ምኽታል'ዩ። ንእምነትካን ድሌትካን ኣነጺሩ ዘንጸባርቕ ባህርይ ምኽታል፡ ጥዕና ዝመልአ፡ ሕጉስ ውጽኢታዊ ዝምድና ይፈጥር። ከይፈተንካ ዝጭበጥ ዓወት የለን። እትደልዮ ዓይነት ሂወት ንኽትነብር፡ ናብኡ ዘብጽሕ ባህሪ ኣማዕብል። እትደልዮ ነገር፡ እትክእሎ ነገር ብምግባር ርኸቦ። ንኣብነት መጻምድትኻ ናባኻ ኣናጠመተ ፍሽኽ ምባሉን ምስሓቁን ዘሕጉሰካ እንተደኣ ኮይኑ፡ ከምኡ ንኽገብር ዕድል ዝህቦ ነገር ግበር። ለውጢ ስለዝደለኻ ጥራሕ ለውጢ ኣይርከብን'ዩ።ለውጢ ዝርከብ ንለውጢ ምስ እትጽዕር ጥራሕ'ዩ። ኣብ ጠባይካ፡ ባህርይኻን ስራሕካን ተወፋይነት ምርኣይ ንመጻምድትኻ ኣብ ግዜ ጸገም ኢድካ ከምዘይትህብ ዘፍልጥ ስለዝኾነ ምስ ግዜ ዘይልወጥ ባህርይ ንኽህልወካ ጸዓር። ምሉእ ብምሉእ ኣብ ጉዳይ መጻምድትኻ ምውሳእ፡ ኣብ ትሕቲ ዝኾነ ይኹን ኩነት ምስኡ ከም እትጓዓዝ፡ ኣብ ኣድላዪ እዋን ከም ዝረኽበካ። ንሓባራዊ ጠቕሚ እምበር ንኽትጎድኦ ከምዘይትህቅን የብርህ። ፍቕሪ ከም ባህሪ፡ ኣብ መንጎ ተጻምድቲ ልዑል ስምዒት ሓጐስ ይፈጥር። እምነትካን ባህርይኻን ንጽቡቕ ዝምድና ምስ ዝኸውን፡ እምነትን ባህርይን መጻምድትኻ'ውን ከምኡ'ዩ ዝኸውን። ሓቀኛ ባህርይኻ ንብጻይኻ ኣርኢ። ፍቕርኻ፡ ሓልዮትካ ፡ ኣድናቖትካ ግለጽ። ኣብ ዝምድና፡ ሓቀኛ ባህርይ መብዛሕትኡ ግዜ ብደቂ-ተባዕትዮ'ዩ ዝሕባእ።

ደቂ-ተባዕትየ፡ ዝምድነኦም ምስ ተበትከ ማለት መግለጺ ፍቕርን ሓልዮትን ዝጎደላ መጻምድቶም ምስ ገደፈቶም ንመንጎኛ ዓራቂ፡ "ከም'ዚ ማለት ኣይኮነን ከምቲ ማለት ኣይኮነን፡ ኣነ'ኮ የፍቕራ'የ፡ ይሓሌላ'የ፡ ኣይተረድኣንን" ይብሉ። ከመይ ጌሩ ክርድኣ። ግለጻላ፡ ተዛረብ፡ ስምዒትካ ግለጽ። ከምዚ ማለት ግን ከም ሓድሽ ኣፍቃሪ መንእሰይ ለይትን መዓልትን ብቋንቋ ዕሽላዊ ፍቕሪ ዕረፍቲ ክልኣያ ማለት ኣይኮነን። ንቐጻልነት ዝምድናኻ ዝገልጹ ተወፋይነት ኣርኢ። ንኣብነት ኣብ ስፖርታዊ ንጥፈታት ዝዕወቱ ሰባት ኣቀዲሞም ብዛዕባ ምዕዋቶም ይንበዩን ይሕብሩን። ምኽንያቱ ነቲ ጸኒሖም ዝጭብጥዎም ዓወት ኣቐዲሞም ኣብ ኣእምሮን ልቦምን ኣስፊሮም ስለ ዝሓስብሉ ከምኡ'ውን ስለ ዝምኮርዎ፡ ነቲ ብስነ-ሓሳብ ዝጭብጥዎ ዓወት ብተግባር ይጭብጥዎ። ሕሉፍ ባህርይ፡ ከም መነበዪ ወጻኢ ባህርይ ክትውክሶ ትኽእል። ሓድሽ ባሕርይ ንህይወት ዝምድናኻ ክቕይሮ ናይ ግድን'ዩ። እዚ ነጥቢ መቐይሮ፡ ካብ ሕሉፍ ዝሓሸ ምስ ዝኸውን፡ ኣብ ዝምድናኻ ኣወንታዊ ታሪኽ'ዩ ዝሃንጽ። መዓልቲ-መዓልቲ እተተኣታትዎ ኣወንታዊ ባህርይ፡ ናብ ቐጻሊ፡ ቀዋሚ ባሕርይ'ዩ ዝምዕብል። ምኽንያቱ ብስርዓተ ተፈጥሮ፡ መዓልታት ናብ ሰሙናት፡ ሰሙናት፡ ናብ ኣዋርሕ፡ ኣዋርሕ ድማ ናብ ዓመት ስለ ዝልወጡ፡ ኣብ ኣወንታዊ ባህርይኻ ምስ ግዜን ኩነታትን ዘይልወጥ ምእላይ ምትእትታው ንዓይነት ዝምድና ኣገዳሲ'ዩ።

ዕላማ

ኣብ ዳግመ ምስራዕ ምዕራብ ህይወትካ ብሓፈሻ ዝምድናኻ ድማ ብፍላይ፡ ኣሎ ንእትብሎ ድኹም ጎኒ ኣለሊኻ ንምምሕያሹ ከም ቀንዲ ዕላማ ክትሕዞ ኣለካ። ድኹም ጎድንኻ ምናልባት ምብኣስ ወይ ምንስሓብ ክኸውን ይኽእል። ብቐጻሊ ዝርአ ንዝምድናኻ ዘሕርፍፍ ድኻማት ኣለሊኻ ካብኡ ተበጊስካ ንምምሕያሹ ውጥን ሓዝ። ምውጣን ጥራሕ ግን እኹል ስለ ዘይኮነ ብግቡእ ንኽትኣልዮ'ውን ወጥን። ብቑዕ ኣተሓሕዛ ዕላማ ብዙሕ ሕድገታትን ተወፋይነትን ይሓትት። ንኣብነት ምስ መጻምድትኻ ዘለካ ጸገም ምስ ጾታዊ ርክብ ዝተኣሳሰረ ምስ ዝኸውን፡ ነቲ ብሕትኣዊ ምስ መጻምድትኻ ዘለካ ሽግር ባዕልኻ ስለ እትፈልጦ፡ ድሌት መጻምድትኻ ብኸመይ ተማልእ ወጥን። ንትግባሪኡ ድማ ጸዓር። እተተኣታትዎ ለውጢ ግዝያዊ ኣይኹን። ዕላማኻ፡ ስምዒትካ ንምርዋይ ስለ ዘይኮነ፡ ነቲ ምምሕያሽ ዝምድና ዝብል ኣምር ብግቡእ እለዮ። ኣይትዘንግዕ! ብቑዕ ኣመሓዳሪ ወግሐ ጸብሐ ዘጋጥመ ኩነታት ዝጋራጮ ኣይኮነን። ብቅድመ ምደባ ንትግባረ ነገራት ጸዓር። ኣቀዲምካ ዕላማኻ ስለ ዘነጸርካ ንትግባሪኡ ድማ ስለ እትሰርሕ ናይ ዝምድናኻ ብቑዕ ኣመሓዳሪ ኮይንካ ማለት'ዩ።

ፍልልይ

ሰብኣይን ሰበይትን ሓደ ዓይነት ኣፈጣጥራ የብሎምን ብባህሪ ዝተፈላለዩ'ዮም ደቂ-ተባዕትዮ ንደቂ-ኣንስቲዮ ስምዒታውያን፡ ተነቀፍቲ ጠርጠርቲ... ወዘተ እናበሉ ይነቕፍወን ምኽንያቱ ከምኦም ብሓደ ጎድኒ ጥራሕ ዝጥምታ ክኾና ስለ ዝደልዩ። ደቂ-ኣንስትዮ ፍልይ ዝበለ ትዕድልቲ ከም ንነገራት ርዱኣት ጌርካ ምሕሳብ ኣካላዊ ሓይሊ ኣለወን።

እዚ ድማ ብባህርይ ምስ'ቲ ኣብ ማህበራዊ ህይወት ዝጻወትኦ ተራ ዝተኣሳሰር'ዩ። ማዕርነት ብመሰል ደኣ'ምበር ብተፈጥሮ ኣይረጋገጽን'ዩ። ስለዚ ፍልልይ ናይ ጾታ፡ ባዕልኻ ከም ጸገም ተዘይኣሚንካሉ ጸገም የብሉን። ንፍልልያትኻ ብብቕዓት ንከተመሓድር፡ ፍልልያትካ ብንጹር ምፍላጥ ኣድላዪ'ዩ። ብሓፈሽኡ ኣብ ደቂ- ተባዕትዮን ደቂ-ኣንስቲዮን ዘሎ ርድኢት ብዛዕባ ጸገምን ኣፈታትሕኡን ዝተፈላለየ'ዩ። ወዲ-ተባዕታይ ተገዳስነቱ ብቐጥታ ኣብ ፍታሕ ናይ ጸገም ክኸውን ከሎ ጓል-ኣንስተይቲ ግን ኣብ ፍታሕ ዘይኮነ ኣብ ኣገባብ፡ ጉዕዞን ኩነታትን ኣፈታትሓ ጸገም'ያ ትግደስ። ኣብ ምቕርራብ'ውን ወዲ ተባዕታይ

ንዝደልዮን ዝሓሰቦን ብቐጥታ ካዛረብ ከሎ ጓል-ኣንስተይቲ ግን ብተዘዋዋሪ መንገዲ'ያ ሓሳባታ ትገልጽ። ኣብ ዝርዝር ናይ ነገራት ድማ ተድህብ። ነዚ ፍልልይ'ዚ ብጉቡእ ተረዲእካ ክትኣሊ ምስ ዘይትኽእል፡ ብሰንኪ ዘይምርድዳእ ዝምድናኻ ይዓኑ። ፍልልያትካ ብጉቡእ ምእላይ ማለት ግን ንዅነታት ብኣዒንቲ መጻምድትኻ ጠምት፡ ወይ ኩሉ ግዜ መጻምድትኻ ዝብለካ ጥራሕ ተረዳእ ማለት ኣይኮነን። ፍልልይ ናይ ኣረዳድኣን ኣጠማምታ ንነገራትን ጸገም የብሉን። ከም ጠንቂ ግርጭት ከገልግል የብሉን። መጽናዕትታት ከምዘረጋገጾ፡ ንሰባት ዘሕርቖም ወይ ዘገራጭዎም ትግባረ ወይ ዘይትግባረ ናይ ነገራት ኣይኮነን፡ እቲ ዘሕርቖም፡ ዝተተግበረ ትጽቢቶም ዝግህስ ምስ ዝኸውን ጥራሕ'ዩ። ግጭት ከጋጥሞ ከሎ፡ ንነገራት ካብ ምጉህሃር፡ ዘጋጠመ ኣቀዲምካ እትጽበዮ ዝነበርካ ምዃኑ፡ ንዝምድናኻ ኣብ ዋጋ ዕዳጋ ዘእቱ ከምዘይኮነ ንነብስኻ ኣረጋግጸላ። ከምዚ ዓይነት ቅድመ ምድላው እቲ ብቑዕ ኣተኣላልያ ፍልልይ'ዩ።

ኣድናቖት

ንምድናቕ ብኸመይ ክትኣልዮ? ዝብል ሕቶ፡ ትሩፍ ኣበሃህላ እዩ ዝመስል። ግን ልክዕ ከምቲ ንምድልዳል ዝምድናኻ ኣብ እተካይዶ ቃልሲ ምዝንጋዕ ዘጋጥም ፍሉይ ትዕድልትን ብልጫታትን መጻምድትኻ'ውን ስለ እትዝንግዕ፡ ኣብ ኣሉታዊ ሸነኽ ዝምድናኻ ጥራሕ ብምትኳር፡ ካብ መጻምድትኻ እትረኽቦ ሓለፋታትን ብልጫታትን ዘንጊዕካ ንዝምድናኻ ኣብ ሓዳጋ ከይትወድቕ፡ ኣወንታዊ ሸነኻት ዝምድናኻ ብኸመይ ተድሕንን ትኣልን ክትፈልጥ ኣለካ። ኣብ ጸገም ዝምድንኣም ጥራሕ ዘተኩሩ ተጻመድቲ ሸግር ኣለዎም። ዋላ ኣብ'ቲ ድልዱል ዝምድና ዝበሃል፡ ሰባት ኣብ ኣሉታዊ ሸነኽ ዝምድንኣም ንኽመሓይሹ ድማ ይጽዕሩ። ግን ኣብ ጸገም ጥራሕ ተሓጺርካ ምንባር፡ ነቲ ጽብቕ ከምዘይትርእዮ'ዩ ዝገብር። ኣብ ጸገም ጥራሕ ተተኩር እንተድኣ ኮይንካ፡ ብዛዕባ ዝምድናኻን መጻምድትኻን ዘለካ ትጽቢት ትሑት'ዩ ዝኸውን። ስለ'ዚ ንነብስኻ ብዛዕባ ብልጫታት መጻምድትኻን ዝምድናኻን ንኽተዘኻኽር ውጥን ሓንጽጽ። ኣብ ምእላይ ውጥናትካ ድማ ዝረኣየካ ኣሉታዊ ሸነካት ዝምድናኻ ንኹሉ ኣወንታዊ ጎድንታት ከምዘይዕብልሎ ኣሚንካ ስራሕ። ንብልጫታት ዝምድናኻ ኣድሕን። ኣብኡ ድማ ኣተኩር። ንመጻምድትኻ/ኺ ክትመርጻ/ጾ ከለኻ ዘይረብሕ ስለ ዝኾነ ኣይቀረብካዮን፡ ናብኡ ዝሰሓበካ ነገር ኣድሕን! ሓልዮት፡ ምክብባርን ምድናቕን ኣማዕብል። ንኣብነት ኣነ ንኤሌክትሪክ ጽቡቕ ጌረ ከም ካልኦት ኣይፈልጦን'የ። ግን ይጥቀመሉ፡

የድንቆ'ውን። ንመጻምድተይ'ውን ክጥቀመሉን ከድንቐን ኣለኒ። ንፍሉይነት መጻምድትኻ ምስ ተድንቅ፡ ዘይተጸበኻዮ ረብሓ ኢኻ ትረክብ።

ፍትሕን ምፍልላይን

ደቂ ሰባት ኣብዛ ዓለም ክሳብ ዘለዉ ትርጉም ምንባርም ኣብ ሓዳር ኢዮም ዝረኽብዎ እንተተባህለ ብብዙሓት ዝኣምንሉ ስለዝኾነ ምግናን ኣይኮነን። ወዲ ተባዕታይ ካልኣይቲ ትኾኖ፡ ጓል ኣንስተይቲ ድማ ካልኣይ ዝኾና ስለ እትደሊ፡ ክወልዱን ብደቀም ክኸብሩን፡ ልዕሊ ኹሉ ድማ ኩሉ መደያዊ ፍቕሪ ክምገቡ ስለዝደልዩን ኢዩ። ከምኡ ስለዝኾነ ኸኣ ካብ ቅድም ሃይማኖታዊ፡ ማሕበራዊ ከምኡ'ውን ባህላዊ ኣሉታዊ ሳዕቤናት ስለዝነበሮ ብዘይ ምጻመዲ ምንባር ተመራጺ ኣይነበረን። ደረጅኡን ቅጽሩን ይነኪ ደኣ'ምበር እዚ ሓቂ ሕጂ'ውን ኣሎ። ስለዚ ድማ ዕድሚኦም ንሓዳር ዝኣኸለ ክልተ ኣንጻር ጾታ ንዝምድኦም ሃይማኖታዊ፡ ማሕበራዊ ባህላውን ሕጋውን ህይወት ኣልቢሶም ከም ሳብኣይን ሰበይትን፡ ክነብሩ፡ ፍቕሪ ክቋደሱ ፍረ ዓለም ክምገቡን ይጅምሩ። እንተኾነ ግን እዚ ክሳብ ኣብዛ ምድሪ ዝጸንሑላ ግዜ መወዳእታ ናይ ሓዲኦም ውይ'ውን ክኣ ናይ ክልቲኦም እንተዘየጋጢሙ ከይፈላለዩ መብጽዓን ቃልን ኣትዮም ዝጀመርዎ ዝምድና ኣብ ሓደ ዝተወሰነ እዋን መኻልፍ ከጋጥሞ ይኽእል ኢዩ። ከም ሳዕቤኑ ድማ ቅድሚ ኣብ ዉላድ ምብጽሖም ከምኡ'ውን ብድሕሪኡ ካብ ብሓንሳብ ምንባር ምፍልላይን ብድሕሪኡ ኸኣ ፍትሕን ነናትካ ህይወት ምምራሕን የጓንፍ። እንተደኣ ኣብ ሓዳር ክልተ ተጻመድቲ ዘጓነፈ ጸገም ክፍታሕ ዘይከኣል ኮይኑ ወይ'ውን ንዝተወሰነ እዋን በበይንኻ ምንባር ነቲ ሸግር ክኣልዮ ዝኽእል እንተኾይኑ ክፈላለዩን ነናቶም ህይወት በብናቶም ክመርሑ ይኽእሉ ኢዮም። እንተኾነ ግን እቲ ምፍልላይ ክፈትሖ ዘይክእል እንተኾይኑ ወይ'ውን እንተድኣ እቲ ምፍልላይ ንነዊሕ እዋን ብዘይ ለውጢ ቀጺሉን ናብ ንቡር መነባብርኦም ናይ ምምላሶም ተኽእሎ እናጸበበ እንተኸይዱ ፍትሕ እንኮ ኣማራጺ ክኸውን ይኽእል።

ብፍትሕ ድማ እቲ ዝነበረ ቃል-ኪዳን ይፈርስ። ከም ሰብኣይን ሰበይትን ዝነበረ ዝምድና ድማ ይብተኽ። ብድሕሪ ምፍልላዮም እንተደልዮም፡ ኩነታት እንተ ኣፍቂዱሎም ከኣ ከም እንደገና መጻመዲ ደልዮም ሓዳር ክገብሩ ይኽእሉ። ኣብዚ ክዝንጋዕ ዘይብሉ ግን ሃይማኖትን ባህልን ኣብ ህይወትን ናብራን ዓብላሊ

ተራ ኣብ ዝነበረሉ እዋን ሓዳር ምስ እምነትን ባህልን ይተኣሳሰር ስለዝነበረ ዋላ ጸገማት ኣብ ዘጓንፈሉ ኣጋጣሚታት ሰብኣይን ሰበይትን ተኸኣኢሎምን ተጸዋዊሮምን ክሓልፍዎ ይፍትኑ ነይሮም እምበር ፍትሕን ምፍልላይን ልሙድ ኣይነበረን። ምኽንያቱ ድማ ሃይማኖትን ባህልን ንኽልተ ሰብ ሓዳር ይጠምሮም ስለዝነበረን ንሱ ዘሰዕቦ ምክብባር ምጽውዋርን ምክእኣልን ኣብ መንጉኦም ስለዝፍጥር ኢዩ። ምስ ምዕባለን ምትሕልላኽ ናብራን ግና እዚ ናይ ፍትሕን ምፍልላይን ተርእዮ ተቐልቂሉን ይዓብይን ኣሎ። ብፍላይ ኣብ ዝማዕበላ ሃገራት ቁጽሪ ፍትሕን ምፍልላይን ብዓቢ ናህሪ ይውንጨፍ ከምዘሎ ብዙሓት ይዛረቡሉ ኢዮም። ነዚ ተርእዮ ኣብዘን ብኢንዱስትሪ ዝማዕበላ ሃገራት ቅቡል ይገብርዎ ካብ ዘለዉ መስርሓት ድማ መትከል ግላዊ ወሳንነት ሓበራዊ ስምምዕ ኢዮም። ከም ቀንድን ወሳንን መበገሲ ፍትሕን ምፍልላይን ከኣ ኣብ ሓዳር ንዘጓንፉ ግድላት፡ ሽግራት፡ ክትሰግርን ክትፈትሕን ዘይምኽኣልዩ'ዩ።

ኣብዚ ሰብኣይን ሰበይትን ከም ሓደ ኣካል ብሓደ መንፈስ ትርጉም ምንባር ዘስተማቕርሉ ምዕራፍ ንህይወቶም ፍቕሪ እናተለጋገሱ ብማዕረ ይሰርሑን ንቡር መነባብሮ ሰብ ቃል-ኪዳን ከሕልፉ ብማዕረ ይሰርሑ። ሰባት ከም ምኳኖም መጠን ከኣ ኣብ ሓደ ደረጃ ክገራጨው ይኽእሉ። ጸቕጢ ድኻምን ድርኺትን ኣብ መዓልታዊ መነባብሮ ንሓደ ካብ መነባብርቲ ከየንጸርጸረን ከየቋጥዐን ክሓልፍ ኣይከኣልን። ግን ከኣ እዚ ጸገም ከጓንፍ እንከሎ ምጽዋር እንተዘይሃልዩ ብግዲኡ'ውን እቲ ካልኣይ ወገን ክጻወረካ ስለዘይክእል ብሓንሳብ ምንባር ኣጸጋሚ ይኸውን። መብዛሕትኡ እዚ ከጋጥም ዝኽእል ቃል-ኪዳን ብታህዋኽ ድሕሪ ናይ ሓጺር እዋን ሌላ ምስ ዝፍጸም ክኸውን ይክእል። ነዚ ዝተጠቕሰ ሽግር ክገጥምዎንክስዕርዎን እንተዘይክኢሎም ድማ መወዳእታ ፍትሕን ምፍልላይን ከጋጥም ናይ ግድን ይከውን። ብመሰረቱ ክልተ ሰብ ቃል-ኪዳን ተከኣኢሎምን ተጸዋዊሮምን ክነብሩ ዘይክእሉ እንተኮይኖም ከኣ ኣይትፋትሑን ኢኹም ክበሃል ኣይከኣልን። ብኻልእ ወገን ግን ሓዳር መሰረት ናይ ሓደ ሕብረተሰብን ምልክት ስምረት ናይ ሓንቲ ስድራን ስለዝኾነ ኣብ ከም ኤርትራ ዝኣመሰላ ሃገራት ብቐሊሉ ንከይፈርስ ተሓሲቡ ኣብቲ ንዕኡ ዝምልከት ሲቪላዊ ሕግታት ምኽንያታት ፍትሕ ከቢድ፡ ብቑዕን ዘይብቑዕን ተባሂሎም ኣብ ሰለስተ ትኽፈሎም ይርከቡ። ብእኡ መሰረት ድማ እንተድኣ ሓደ ካብ መጻምድቲ ፍትሕ ደልዩ እሞ እቲ ዝቀረበ ምኽንያት ፍትሕ ብቑዕ ወይ'ውን ከኣ ከቢድ እንተዘይኮይኑ እቲ ደላይ ፍትሕ ብንብረት ይቕጻዕ። ብኻልእ ወገን ከኣ እንተድኣ ከቢድ ምኽንያት ፍትሕ ቀሪቡ እቲ በደል ዝፈጸመ ብንብረትን ካልእን ይቕጻዕ። እዚ ብኽልተ ሸነኻት

ፍትሕ ብቐሊሉ ንከይግበር ንፍትሕ ዝዕድሙ ሽግራት ንከይፍጠሩን ንኽእለዩን ይሕግዝ። ኣብ ገለገለ ሃገራት (ከም ኣየርላንድን ፊሊፕንስን ዝርከብኣን) ከኣ ፍትሕ ብመሰረቱ ኣይፍቀድን እዩ። እዚ ድማ ሰብኣይን ሰበይትን ኣብ ሓዳሮም ካብ ዘለዎም ማዕርነታዊ ሓላፍነት ዝተበገሰ እዩ። ኣብ ላዕሊ ተዘርዚሩ ዘሎ ኣብ ቦትኡ ኮይኑ ፍትሕ በዘን ዝስዕባ ኣርባዕተ መንገድታት ክስዕብ ይኽእል፥

1. ብሃንደበትዊ ጠለብ ሓደ ካብ ተጻመድቲ ብዘይ ድሌትን ቅድመ ኣፍልጦን ካልኣይ ወገን።
2. ብሙሉእ ድልየት ሓደ ካብ ተጸመድቲን-ብኣፍልጦን ግምትን ካልኣይ ወገን።
3. ብዘይ ነጸ ድልየት (ኣገዳዲ ኩነታት ምስ ዘጋጥም) ሓደ ካብ ተጻመድቲ ብዘይ ቅድመ ኣፍልጦ/ብኣፍልጦ ካልኣይ ወገን።
4. ብድልየት ክልቲኦም ተጻመድቲ።

ከምዚ ኣብ ላዕሊ ዝተጠቅሰ ብዝኾነ ይኩን መንገዲ ይፈጸም ፍትሕ ከጋጥም ዝኽእል ኣብ ሓዳር ንዘጋጥሙ ሽግራት ክትፈትሕ ካብ ዘይምክኣል እዩ። እቶም መብዛሕትኡ ግዜ ምክንያታት ፍትሕን ምፍልላይን ኮይኖም ዝጸንሑ ሽግራት እዞም ዝስዕቡ እዮም፦

- ካብ መጀመርያ ግሉጽነት ዘይምጽናሕን ዘይምህላውን።
- ከም ትጽቢት ተጻማዲ ቁጠባዊ ኩነታት፡ ኣተሓሳስባ፡ ባህርይ... ዘይምጽናሕ።
- ምልዋጥ ተስፋታት፡ ኣተሓሳስባን ድልየትን ሓደ/ክልቲኦም ተጻመድቲ።
- ዘይምስምማዕ ጠባይን ባህርይን ክልተ ተጻመድቲ።
- ዘይምስማዕ ተጻመድቲ ሽቶን ዕላማታት ተጻመድትን።
- ኣብ ገንዘብን፡ ስራሕን ገዛን ዝምልከቱ ጉዳያት ዘይምርድዳእ።
- ድኩም ዝኾነ ናይ ጾታዊ ርክብ ዝምድናታት።
- ዘይምጽውዋርን ዘምክእኣልን... ወዘተ።

ከም ሳዕቤን ናይ እዞም ኣብ ላዕሊ ተዘርዚሮም ዘለዉ ምኽንያታት ከኣ ምምናው ይመጽእ። እዚ ሽግራት ብፍላይ ንሓደ ወገን ምስ ዝሃስዮን ከም መፍትሒ እዞም ሽግራት ድማ ጸርፊ ቀየቛ ጎነጽን ምሕርፋፍ ንቡር ርክብ

ክፍጠር ይክእል። እዚ ከኣ ንነዊሕ እዋን ቅሳነት ዝኸልእ ተርእዮ ክኸውን'ውን ይክእልዩ። ኣብዚ ሓደ ካብ ተጸመድቲ ሃንደበት ነቲ ፍትሕ ክደልዮን ካልኣይ ወገን ምስዘይስዕቦ ንዝተወሰነ እዋን ተፈላሊኻ ምጽናሕ ነዚ ሽግራት ክኣልዩ እንተኺኢሉ ንሓጺር እዋን ምፍልላይ ኣይጽላእን። እንተድኣ ሓሳባትን መንፈስን ኣባላት ሓንቲ ስድራ ብስምዒት ፍትሕን ምፍልላይን ተዓብሊሉ ግና ህይወት እታ ስድራ ሕጉስ ናብራ ኣይህልዎን እዩ። ከም ናይ መወዳእታን ሓጋዚን ኣማራጺ ፍትሕ ዘድልየሉ ደረጃ'ውን ክብጻሕ ይኽእል። ኣብዚ ግን ክልተ ሰብ ቃል-ኪዳን ንክፋትሑ ወይ ከኣ ንክፈለለዩ ዝወስዱዎ ግዜን በዳሂ ኩነታትን ቀሊል ኣይኮነን። ኣብ ነብሰ ወከፍ ጉዳይ ከከም ኩነታቱ እቲ ግዜ ክፈላለ ይክእል እዩ። ብርግጽ ከኣ እቲ ውሳኔ ክትበጽሖ ቐሊልን ቅልጡፍን ኣይኮነን። ቅድሚኡ ግና ከምቲ ኣብ ላዕሊ ዝተገልጸ ናብ ዝነበሩሉ ንቡር ሰለማዊ ህይወት ክመልሶም ዝኽእል መሲሉ እንተተራእየ ክሳብ እቲ ሽግር ዝፍታሕን ዝሃድኡን ተፈላልዮም ክነብሩ ይምረጽ። ብኸምኡ ክፍታሕ እንተዘይክኢሉ ኣብቲ ገዛ ቀጻሊ ቆየቛን ባእስን ህውከትን ዝረአ ኮይኑ ንቕሳነትን ሰላምን ኣባላት'ታ ስድራ ፍትሕ ኣድላዩ ይከውን። ምኽንያቱ ድማ ብዘይካቶም ተጸመድቲ፡ ኣዝማዶም፡ ጎረባብቶም፡ ልዕሊ ኹሉ ከኣ ዓበይቲ ደቀም ግዳያት ስለዝኾኑ እዩ። ከም ሳዕቤኑ ድማ ዓበይቲ ቀልዑ ኣብ ወለዶም ዘለዎም ፍቕሪ ይንኪ፡ ናብ ገዛ ምምጻእን ኣብኡ ኮፍ ምባልን ከም ገሃነም ምህላው ይቖጽርዎ፡ ብሰንኪ ዝሓድሮም ጸቕጥን ጭንቀትን መዓልታዊ ንጥፈታቶም ኮነ ጠባያቶም ይሕርፍፍ፡ ዋላ ኣዘናጋዒ ነገራት ኣብ ገዛ ኮይኖም ክርእዩን ክጻወቱን ይጸልኡ፡ ዝበዝሐ ግዚኦም ካብ ገዝኦምን ስድርኦምን ርሒቆም ክሕልፉ ይመርጹ።

ኣብዚ ደረጃ እዚ ክልቲኦም ተጻመድቲ ቀጻሊ ምውቕቓስ፡ ሓድሕዳዊ ብዛዕባ ዘጋጠመ ሽግርን ከኣ ንዓበይቲ ቀልዑ ግጉይ ዝኾነ ኣፍልጦ ክህልዎም ምፍታን ልዕሊ ኩሉ ድማ ኣብዚ መስርሕ ነቶም ቀልዑ ከም መሳርሒ ናይ ምጥቃም ተርእዮ የጋጥም። ኣብ ከምዚ ዝኣመሰለ ስድራ ምእንቲ ሰላምን ቅሳነትን ክልተ ተጻመድቲ፡ ዓበይቲ ቀልዑ፡ ጎረባብትን ኣዝማድን፡ ፍትሕ ወይ ምፍልላይ ምግባር ነውሪ ኣይኮነን። ስለዚ ድማ ኮፍ ኢልካ ብምዕቡልን ሰለማዊ መንገድን ድልየታትን ስምዒታትን ረብሓን ክልቲኦም ተጻመድቲ፡ ዓበይቲ ቀልዑን ፈተውትን ኣብ ግምት የእቲኻ ምዝታይ ይግባእ። በዚ መንገዲ ኣብ ሓደ መዕለቢ ክብጻሕ እንተዘይተኻኢሉ ግን ብፈተውትን ሽማግለታትን ከምዝፍታሕ ምግባር የድሊ። ኣብ ገለ ገለ ሃገራት ካብ ወሃብቲ ማሕበራዊ ኣገልግሎት ምኽርን ሓገዛትን

ይርከብ እዩ። በዚን መንገድታት ድማ ብዘይ ገለ ጉድኣትን ሕማቕ ስምዒታትን ፍታሕ ክርከብ ይከኣል።

እቲ ለባም ኣብ ሽግሩ ለባም ኣይኮነን

ፍትሕ ንኸየጋጥም
እንታይ ክግበር ይከኣል?

ሓዳር ፍቕሪ ማለት እዩ። ሓዳር ሓድነት ማለት እዩ። ከምኡ ስለዝኾነ ድማ ከም ፍርቂ ክፋል ናይ ሓደ ምሉእ ኣካል ሓድነትካ መንነትካን ድልየታትካን ከየጥፋእካ ናይ ምንባር ተኽእሎ ይፈጥር። ነዚ ኩሉ ጠሚሩ ንኽትነብር ዝሕግዘካ ኸኣ እቲ ኣብ እምነት ምክብባርን ቅንዕናን ዝርከብ ፍቕሪ እዩ። እቲ ፍቕሪ ክምቅርን ክዓብን ድማ ሰብ ቃል-ኪዳን ነዘን ዝስዕባ ካልኣት ሓገዝቲ ነጥብታት ክዘክሩ ይግባእ።

- ንመጻምዲ ዘሐጉስን ዝሕርቅን ባህርይን ኩነታትን ምፍላጥ።
- መዓስ መጻምዲ ሓገዝ ይደሊ/ትደሊ?
- ወቐሳ ምቕባል ዘድልየሉ ግዜን ኩነታትን ምፍላጥ።
- ምጽውዋርን ምክእኣልን።
- ሓዳር ክትንክፍ ዝኽእል ጌጋ ምስ ኣጋጠመ ብኣጋ ምምይያጥ ብዘይ ስምዒታውነት ድማ ክትኣልዮ ምፍታን።
- ኣብ ልቢ ዕቃበታት ዘይምጽናሕ (ግሉጽ ሙኳን)።

ድሕሪ ፍትሕ ዘጋጥሙ
ጸገማትን መፍትሒኦምን

ከምቲ ኣብ ላዕሊ ዝተጠቕሰ እንትርፎ ኣብ ገለ ገለ እዋናት ኣብ ህውከትን ቀጻሊ ዘይምስምማዕን ዝመልእ ገዛ ፍትሕ ምኽኑይ ይኸውን። ምኽንያቱ ድማ ብጀካ ኣብ እቶም ተጻመድቲ ኣብ ህይወትን መዓልታዊ ንጥፈታትን ዓበይቲ ደቆም ዘስዕቦ ስነ ኣእምሮኣውን ኣካላውን ማህሰይቲ ቀሊል ስለ ዘይኮነ። ይኹን እምበር እቶም ቀልዑ ወለዶም ምስ ተፋትሑ ዘይቅሱን ዝኾነ ህይወት ክሕልፉ ይረኣዩ።

ካብቶም ፍትሕ ወለዶም ዝረኣዩ እቶም ከምኡ ተመክሮ ዘየሕለፉ ዝያዳ ሕጉሳት ቅሱናትን ኮይኖም ይጸንሑ። ብኣንጻሩ ከኣ እቶም ኣብ ዘይርጉእ ሓዳር ወለዶም

ዝነብሩን ዕለታዊ መነባብሮኦም ዓቢ ሃንደበታውን ዝተዘባረቐ ናይ ስምዒት ለውጥታት ዝመልአ ይኸውን።

ኣብ እዋን ፍትሕ እቲ ቀንዲ ግዳይ ዝኸውን እቲ ውላድ እዩ።

መብዛሕትኦም ወለዲ ብዛዕባ ኣብ ሓዳሮም ዘጋጥሙ ጸገምት ኩነታትን ኩነታት ሓዳሮም ብኣጋ ነቶም ዓበይቲ ደቆም ስለዘየፍልጡን ካብ ምኽዋል ሸግር ሓሊፎም ኣብ ምፍትሑ ስለዘየሳትፍዎምን እቲ ማህሰይቲ ይዓቢ። ከምኡ ስለዝኾነ ድማ መሳቱኦም ዘሕልፍዎ ናይ ቁልዕነት ህይወት መቐረት ምሃብ ይኣብዮም፡ ሸውሃቶም ዕጹው ይኸውን፡ ብምርባሽን ምጭናቕን ኣብ ትምህርቲ ምድሃብ ይስእኑን ይደኽሙን፡ ከምኡ'ውን ሕርቃን ቂምታን ናይ ጠባይ ምሕርፋፍን ኣብ መብዛሕትኦም ወለዶም

ቀጻሊ ዝበኣሱን ዝቋየቑን ዝተፋትሑን ዓበይቲ ቀልዑ ዝረኣዩ ለውጥታት

እዮም። ኣብዚ ክርሳዕ ዘይብሉ'ውን እቶም ሰብ ቃል ኪዳን፡ ከም ካብ ካልኣይ ወገን ሓበሬታ መርከብን ዚያዳ ተፈታውነት ንምርካብን ነቶም ደቆም ከም መሳርሒ ክጥቀሙሎም ስለ ዝኽእሉ ኣብ ልዕሊ ዓበይቲ ቀልዑ ዘስዕቦ ስነ-ኣእምሮኣዊ ጸገም ቀሊል ኣይኮነን። ከምኡ ስለ ዝኾነ ድማ ዓበይቲ ቀልዑ ናይ ውሕስነት ስምዒት ስለ ዝፈጥረሎም ዋላ እቶም ወለዶም ዘይፋተዉን ብሓንሳብ ክነብሩ ከም ዘይክእሉን እንዳተረድኦምን ብሓንሳብ ክነብሩሎም ክደልዩ ባህርያዊ እዩ። ዋላ ዘይከውን'ውን እንተኾነ ኣብ መንጎ ወለዶም ዘሎ ርክብ ክመሓየሽን ናብቲ ዝነበረ ናይ ሓጉስ እዋናት ክምለስን ተስፋ ክገብሩ ይኽእሉ።

ነዚ ኣብ ላዕሊ ዝተገልጸ ጸገማት ንምፍዋስን ንምእላይን ከኣ ወለዲ ክወስድዎም ዝግባኦም ብዙሕ ስጉምትታት ኣለዉ. ንምጥቃስ ዝኣክል፡

- ኣካላዊ ምንቅስቓስ ምዝውታር።
- ንስምዒታትካ ኣብ ጽሑፍ ምስፋር።
- ከም መንፈሲ ጸቕጥን ዘይምርግጋእ ስምዒትን ንኣዕሩኽን መቕርብን ምዕላል።
- በይንኻ ምኻን ዘይምዝውታር።
- ብዛዕባ ኣብ መነባብሮ ስድራ ዘጋጥሙ ሽግራት ንዓበይቲ ቀልዑ ብዝርዳኦምን ከምዘይጭነቑን ጌርካ ብኣጋ ምንጋር ካብቲ ደሓር ኣብ ልዕሊ እቶም ቀልዑ ሃንደበት ክፍጠር ዝኽእል ስነ-ኣእምሮኣዊ ጸቕጢ ከድሕን ይኽእል።
- ብመሰረቱ ንቀልዑ ከም መንጎኛን ሓበሬታ መርከቢ መንገድን ካልእን ምጥቃም ምውጋር።
- ኣብ መንጎ ወለዲ ገለ ጸገም ምስ ዘጋጥም ንመማህራንን ካልኦት ኣለይቲ ምንጋር እቶም መማህራንን ኣለይትን ጸገም እቶም ቀልዑ ብቀሊሉ ንኽርድእሎምን ክሕግዝዎምን ስለዝኽእሉ፡ ወለዲ ነዚ ክፍጽሙ ኣለዎም።
- ኣዛናጋዕቲ ነገራት ከም ፊልምን ተዋስኦን ምርኣይ ሙዚቃ ምስማዕ ስፖርት ምስራሕ ኣብ ሽግር ስድርኦምን ሳዕቤናቱን ካብ ምድሃብ ከድሕኖም ስለ ዝኽእል ወለዲ ንዑኡ ንኽገብሩ ከተባብዕዎም ይግባእ።
- ብሓፈሻኡ ድማ ክፉትሑ ከለዉ ስምዒት፡ ድልየትን ረብሓን ደቆም ኣብ ግምት ከእትዉ ይግባእ።

ብኻልእ ወገን ድማ ዓበይቲ ቀልዑ ነዕሩኽቶም፡ መቕርቦምን ንናይ ቀረባ ኣዝማድን ብዛዕባ ኣብ ገዝኦም ዘጋጥሞም ጸገማትን ናይ ወለዶም ዘይምስምማዕን ካብ ምዕላልን ብዛዕባኡ ምምይያጥን ክቑጠቡ የብሎምን። እዚ ድማ እቲ ዝሰምዖም ጸቕጢ-መጓልታዊ መነባብሮን ጭንቀትን ንኽነፍሰሎምን ሓጋዚ ይኸውን።

ፍቕሪ ብርቱዕን ሓያልን ስምዒት እዩ። ከም መብራህቲ(ኣምፑል) ኣብ ሓደ እዋን(ብሓንሳብ) ክጠፍእ ኣይክእልን እዩ። ብተወሳኺውን ካብ ምጽማድ ምፍታሕ ዝያዳ ሕልኽላኻት ዝበዝሖ ስለ ዝኾነ ተዘክሮታትን በሰላን ገዲፉ ክሓልፍ ይኽእል። ንዝተወሰነ እዋናት ድማ ጸቕጢ፡ ምርባሽ፡ ምጭናቕን ዘይርጉእነትን ኣብ መንጎ እቶም ክልተ ፍቱሓትን ክረአ ናይ ግድን ይኸውን። ነዚ ንምእላይን ንምፍዋስን ድማ ናይ ስነ ኣእምሮ ምሁራን ነዘን ዝስዕባ ነጥብታት የዘኻኽሩ፡-

- ጊዜኻን ነብስኻን ብስራሕ ከምዝተሓዝ ምግባር።
- ፊልም(ተዋስኦ) ምርኣይ ሙዚቃ ምስማዕን ኣዘናጋዕቲ ጽሑፋት ምንባብ።

ድሕሪ ፍትሕ ዝስዕብ ጽልዋታት

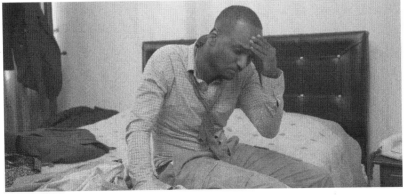

ድሕሪ ፍትሕ ተጻመድቲ ዝህልዎም ርክብ ብዓበይቲ ደቆም ኣብሉ ይኸውን። ኣብዚ ደረጃ ወለዲ ልዕሊ ቅድሚ ፍትሕ ዝነበሮም ዝምድና ምስ ደቆም ጥቡቕ ዝኾነ ምትእስሳር ክገብሩ ይፍትኑ። ንዕኡ ንምዕዋት ከም ነቶም ዓበይቲ ቀልዑ ብዛዕባ ካልኣይ መጻምዲ ግጉይ ዝኾነ ሓበሬታ ምስናቕ ህያባት ምብዛሕን ካልእን ክገብሩ ይኽእሉ። እዚ ግን ኣብ ልዕሊ እቶም ዓበይቲ ቀልዑ ስነ ኣእምሮኣዊ ጸቕጥን ዘይምርግጋእን ክፈጥር ይኽእል እዩ። ከምኡ ስለዝኾነ ድማ ወለዲ ኣብ ንፍትሕ ዝምልከትን ንቀልዑ ዝትንክፍን ነጥብታት ረብሓን ስምዒትን እቶም ዓበይቲ ልዕሊ ኹሉ ክሰርዕዎ ይግባእ። ምኽንያቱ ኣብ መጻኢ ህይወት እቶም ዓበይቲ ቀልዑ ዓቢ ግደ ስለዝህልዎ እዩ። ስለዚ ድማ ዓበይቲ ምስ መንን ኣብ ከመይን ኩነታትን ይነብሩ፡ ክንደይን ከመይን መናበዪ ቀልብ (ቀልብ ቀልዓ) ይግበር፡ ካልኣይ ወገን መጻምዲ ኣብ ከመይ ኩነታት ክርእዮም ክኣልዮምን ክሕግዞምን ይኽእልን ይግባእን፡ ካብዘን ዝተጠቕሳ ወጻኢ ሕቶ ምስ ዝለዓል'ከ ብኸመይ ይፍታሕ? ዝብሉ ነጥብታት ክልተ ተጻመድትን መቕርቦምን ብዕቱብን ብርትዓዊ መንገዲን ክዝትዩሎምን ዝግባኦም ነጥብታት እዮም። ልዕሊ ኩሉን ከም መምርሒን ግን ጸቕጥን ካልእን ዘይተሓወሶ ረብሓ፡ ስምዒትን ድልየትን ቀልዑ ኣብ ግምት ከእቱ ይግባእ።

ክልተ ተጻመድቲ ድሕሪ ፍትሖም ካልእ ሓዳር ክገብሩ ስለዝኽእሉ ኣብቲ ዝወሰድዎ ስጉምትታት ነቶም ካብ ቀዳማይ ሓዳሮም ዝተወልዱ ዓበይቲ ቀልዑ ኣብ ግምት ከእትዉ ይግባእ። ምኽንያቱ ድማ ቀልዑ ንሓድሽ ሓዳር ወለዶም ኣብ መጀመርያ ብኣዎንታን ብጽቡቕን ክቅበሉዎ ናይ ግድን ስለዘይኮነን ጽልኢ፡ ቅንእን ካልእን ናይ ስምዒት ለውጥታትን ከጋጥሞም ስለ ዝኽእል እቶም ቀንዲ ወለድን ሓደስቲ ተጻመድቲ ወለዶምን ከቕርብዎምን ነዚ ስምዒታት ከፍኩስሎምን ክጽዕሩ ኣለዎም።

እዚ ስምዒታት ካብ ዘይምልምማድን ጽቡቕ ዘይምድልላይን ክመጽእ ስለዝኽእል ሓደስቲ ሰብ ቃል-ኪዳን ወለዶምን ባዕሎም ብምቅርራብን ምስቶም ደቆም ተወሃሂዶም ብምዕላልን ክኣልይዎ ይኽእሉ እዮም። ኣብዚ መስርሕ የዕሩኽ ክኾንዎም ዝኽእሉ ከምኡም ቀልዑ ብመንገዲ ሓደስቲ ሰብ ቃል-ኪዳን ወለዶም ስለ ዝረኽቡን ኣባላት ስድራ ስለዝበዝሑን ወለዲ ነዚ ኣብ ምልምማድን ምቅርራብን ዓቢ ግደ ይህልዎም።

ውሽጣዊ ግርጭት ዘለዎ በቐሊሉ
ካብ ከባቢኡ ይንጸል።

ሻብዓይ ምዕራፍ
ስነጥበብ ሓጐስን ናይ ምሕዳስ መሰልን

ሓጐስ፡-

• ዕላማ ናይ ብሂወት ምንባር፡ ድሌት ሓጕስ እዩ።
• ሓድ ሰብ ዝኾነ ይኹን ዓይነት እምነት ይከተል ብዘየገድስ፡ ድሌቱ ዝበለጸ ህይወት ንምርካብ'ዩ።
• ስለዚ ኣብ ህይወትና ኣንፈት ጉዕዞና ናይ ሓጕስ ንምብጻሕ'ዩ። ሓጕስ ግን እትርከብ ድያ?
መልሲ:- እወ! ብኸመይ ንዝብል ሕቶ ድማ ንኣእምሮ ብምልምማድ'ዩ።

ኣብ ብዙሕ ናይ ስነ-ኣእምሮ ጽሑፋት ከም እንረኽቦ ንምልክታት ጸቕጢ ጭንቀት፡ ውሽጣዊ ግርጭት፡ ሓርፋፍ ዝምድና ... ወዘተ፡ ዘጠቓልል ምኽርታት ዝህብ'ሞ ብመጠኑ ሰላምን ቅሳነትን ኣእምሮ ኣስፊኑ "ሓጕስ" ዝፈጥር እንሕጎሰሉ ትምህርቲ ኣሎ። ግን ብትኽክል "ንሓጕስ" ብንጹር ዝገልጽ ጽሑፍ የለን። ኣብ እዋን ሓጕስ፡ ህይወት ንስምዒት ሓጕስ ብትኣምር ካብዘየሎ ነገር ዝፈጠረትልና ኮይኑ ይስምዓና። እዚ ዓይነት ኣተሓሳስባን ስምዒትን፡ ነቲ ሓጕስ ንኣእምሮ ብምልምማድ ክርከብ ከም ዝኽእል ካብ ዘይምፍላጥ ዝብገስ'የ። ኣብዚ "ምልምማድ ኣእምሮ" ክበሃል ከሎ ሰፊሕ ትርጉም'ዩ ዘለዎ። ኣእምሮ ንኹሉ ፍልጠት፡ ስምዒት፡ ልብን ሓንጎልን ናይ ሓደ ሰብ ዘጠቓልል እዩ። ስለዚ ንኣእምሮ ብምልምማድ ክበሃል ከሎ፡ ውሽጣዊ ስነ-ስርዓት ብምምዕባል ኣብ ኣተሓሳስባኻን ግዳማዊ ኣቀራርባኻን ንለውጢ ምምጻእ ማለት'ዩ። ብዛዕባ ውሽጣዊ ስነ-ስርዓት ሓደ ኣካል ብዙሕ ክበሃል ይከኣል።

ግን ብሓፈሻኡ ሓጕስ ዝፈጥሩ ከምኡ'ውን በንጻሩ ሓጕስ ዘይፈጥሩ

ረቛሒታት ፈሊኻ ምፍላጥ ማለት'ዩ። ነዚ ብምትግባር፡ ሓድ ውልቀ-ሰብ ንኹሉ ሓጒሱ ዝዘርግ ነገራት እናቐጥቀጠ፡ በንጻሩ ድማ ንኹሉ ሓጒስ ዝፈጥረሉ ነገር እናኾስኮሰ ናብ ምሉእ ሓጒስ ይኣዓዝ።

ክንዝንግዖ ዘይብልና ሓቂ፡ ብህይወት እንነብረለን መዓልትታትና ቁጹራት እየን። መዓልታዊ ብዙሓት ይውለዱ፡ ካብኣቶም ገሊኦም ቁሩብ ጸኒሖም ብሕማም፡ ብሓደጋ ... ወዘተ ጉዕዞ ህይወቶም ብሞት ይድምደም፡ ገሊኦም ድማ ንምሉእ ዘመን ዝኣክል ብህይወት ይጸንሑ ካብኡ'ውን ክሓልፉ ይኽእሉ። ብፍላይ እቶም ናይ ዕድመ ጸጋ ዘለዎም፡ ኣብ እዋን ህይወቶም ሓጒስ፡ ፍቕሪ፡ ተስፋ ምቕራጽ፡ ጽልኢ፡ ፍርሒ ... ወዘተ፡ እናስተማቐሩ ይነብሩ። ብልክዕ ክትፈልጦ ዝከኣል ኣይኮነን፡ ግን ብህይወት ንሓንቲ መዓልቲ ጽናሕ ዋላ ንምሉእ ዘመን፡ እታ ቀንዲ ሕቶ ብህይወት ናይ ምንባር ዕላማ እንታይ'ዩ? ንምንባርና ትርጉም ዝህብ እንታይ'ዩ? እምበኣር መሰረታዊ ዕላማ ብህይወት ምንባርና፡ ድልየት ሓጒስ እዩ። ቀዳሞት ጽሑፋት ከም ናይ ኣሪስቶትልን ዊልያም ጀምስን ምስዚ ኣቀዲሙ ዝቐረበ ሓሳብ ዝሰማማዕ እኳ እንተኾነ። ብዙሓት ምሁራት ንሓጒስ ዝደሊ ሰብ ከም ሓደ ብዛዕባ ነብሱ ጥራሕ ዝግደስ ጌሮም'ዮም ዝገልጽዎ። መብዛሕትኦም

ብዛዕባ ነብሶም ጥራሕ ዝሓስቡ ሰባት ግን ካብ ሕብረተሰብ ንጹላት፡ ተጻረርቲ ብኣከባቢኣኦም ዘይቅቡላት ስለ ዝኾኑ ሓጉስ የብሎምን። እቶም ምስ ሕብረተሰብ ብቐሊሉ ዝጽምበሩን ዝዋሰኡን ግን ንመዓልታዊ ጸቕጢ ምስ ብዙሓት ሰባት ብምውሳእ ሸግሮም ስለ ዘቓልሉ፡ መሃዝቲ፡ ተዓጻጻፍቲ ኮይኖም ሕጉሳት እዮም። ብዓቢኡ ድማ ኣፍቀርትን ይቕረ በሃልትን እዮም። መጽናዕትታት ከም ዘረጋግጽዎ፡ ሕጉሳት ሰባት ክፍተትን ንጽህናን ዝመልኦም ንኻልኦት ናይ ምሕጋዝ ዘይነጽፍ ሸውሃት ዘለዎም'ዮም።

ንኹሉ ዘሐጉሰካ ዘየሐጉሰካን ነገራት ኣለሊኻ፡ ኣብ መዓልታዊ ህይወትካ ክትገብሮን ክትነብረሉን ምኽኣል ብውልቂ ንተግባሪኡ ብሰፊሑ ድማ ንስድራቤትን መላእ ሕብረተሰብን ሓጉስ ይፈጥር።

ምንጪ ሓጐስ፡-

ሰብ ንሓጉስ ገዛ ምቕያር፡ ሓድሽ ስራሕ፡ መኪና፡ መነባብሮ ከምኡ'ውን ሰሪሕካ ሃብቲ ብምድላብ እትርከብ ኮይና ስለ እትስመዖ ኣብ'ዚ ዝተጠቕሰ ነገራት ኣድሂቡ ሓጉስ ንምርካብ ኣበርቲዑ ይቃለስ። ግን ለውጢ ስራሕ ይኹን መነባብሮ ከምኡ'ውን ሃብቲ ሓጉስ የምጽእ ድዩ? እዚ ኩሉ ዝተሞከሮ ዝምልሶ ቀሊል ሕቶ'ዩ። ሓጉስ ብገንዘብ ዝዕደግ ንብረት ኣይኮነን። ሰባት ድሕሪ ብዙሕ ቃልሲ ምስ ሃብተሙ'ሞ ሕጂ'ኸ ከመይ ኣለኻ/ኺ? ኢልካ ምስ እትሓቶም፡ ኩሉ ነገር ኣለኒ ግን ካብቲ ቅድም ዝነበርክዎ ንላዕሊ ሓጉስ ኣይረኸብኩም ኢሎም'ዮም ዝምልሱ። እዚ ዘነጽር ሓቂ ሓጉስ መኽሰብ ብምኽዕባት ከም ዘይትርከብ ጥራሕ'ዩ። እዚ ሰሪሖም፡ ጽዒሮም ንዝሃብተሙ ሰባት ብምሕታት ክረጋገጽ ዝኽእል ሓቂ'ዩ።

ኣብ ሓደ ዕላል ሓደ መንእሰይ ኤች.ኣይ.ቪ ቫይረስ ከምዘለኒ ምስ ፈለጥኩ፡ ሕጂ ክገልጾ ዘይክእል ሕማቕ ስምዒት'ዩ ተሰሚዑኒ፡ ህይወተይ ዘብቀዐት ኮይኑ ተሰሚዑኒ፡ ኩሉ ነገር ሓርቢቱኒ፡ ጸልሚቱኒ፡ ብሓጺሩ ተስፋ ቆሪጸ፡ ነቲ ነገር ንኽቕበሎ ድማ ዳርጋ ሓደ ዓመት ዝኣክል ወሲድለይ። ኣብቲ ዝሰዓበ ዓመታት ግን ኩነታትይ ተለዊጡ። ነፍሲ-ወከፍ መዓልቲ ነዓይ ትርጉም ዘለዋ ኮይና።

ካብ መዓልቲ ናብ መዓልቲ ሓጉሰይ እናዛየደ፡ ቅድም ዘይነበረኒ ዕግበት ህይወት ከስተማቕር፡ ንነገራት መዓልታዊ ከድንቕ ጀሚረ። ክሳብ ሕጂ

ዝኾነ ብርቱዕ ናይ ኤይድስ ምልክት ስለ ዘየማዕበልኩ ብዘለኒ ዕጉብ'የ። ስለ'ዚ ኣነ ኤች.ኣይ.ቪ ቫይረስ፡ ንህይወተይ ብኣወንታ ጸሊዎ'የ ዝብል።

ብጻዩ፡ ነዚ ምስ ሰምዐ፡ ንህይወተይ ብኣወንታ ጸሊዎ ክትብል ከለኻ፡ ብኸመይ ማለትካ እዩ? "ንኣብነት ቅድም ህይወት ብንዋት ማለት ትሕዝቶ ይትርጉማ ስለ ዝነበርኩ እዚ ሕጂ ዘለኒ ሕልናን ሰፊሕ ጠመተ ሓዳስ ዓለምን ኣይነበረንን። ሕጂ ኣብ ሓዳስ ናይ ሕልና ዓለም፡ ብዙሕ ሓድሽ ነገር እናፈለጥኩን፡ ንብዙሓት ምኽሪ እናለገስኩን ብዘለኒ ዓጊበ ሕጉስ ህይወት የሕልፍ ኣለኹ።

እዚ ኣብ ላዕሊ ዝተመልከትናዮ ጽሑፍ ዝምስክሮ ሓቂ፡ ሓጉስ ሰሪሕካ ሃብቲ ብምድላብ እትርከብ፡ ስለ ዝሰንከልካ ወይ ድማ ብርቱዕ ሕማም ስለ ዝሓመምካ ድማ እትጠፍእ ዘይምኳና'ዩ። ስለዚ ሓጉስ ብኹነታት ኣእምሮ ጥራሕ'ያ ህላውንታ ዝረጋገጽ። ክንዕወት እንከለና፡ ካልኦት ሰባት ከድንቑና ከለዉ ግዝያዊ ሓጉስ ይፈጥረልና። ጉድኣት'ውን ግዝያዊ እንጸልእ ኩነታት ይፈጥረልና። እዚ ግዝያዊ ሓጉስ ይኹን ጓሂ ተለማዲ ስለ ዝኾነ ኣብቲ ንቡር ህይወትና ኢና እንምለስ። ከምኡ'ውን ብርቱዕ ስንክልና ከም መልመስቲ፡ ዑረት … ወዘተ ድሕሪ መዓልታዊ ህይወትና ምስትኽኻል ተለማዲ እዩ። ግዳማዊ ኩነታትና ብዘየገድስ፡ ተሓጉስና ይኹን ጉሂና ጸኒሕና ናብ ንቡር ህይወትናእንምለስ እንተ ድኣ ኮይና፡ እቲ ነባሪ ሓጉስ ንኽንረክብ ዘኽእለና፡ ኣረዳድኣናን ኣጠማምታናን ንህሉው ኩነታትና ኮይኑ፡ ብዘለና ምስ እንዓግብ ጥራሕ እዩ።

ዘወዳድር ኣእምሮ፡ እንታይ'ዩ ጠመተናን ዕግበትናን?

ስምዒት ዕግበትና፡ ብናይ ምውድዳር ባህርይና ዝተጸልወ እዩ። ንህሉው ኩነታትና ምስ ሕሉፍ ኩነታትና ኣነጻጺርና ዝበለጸ ኮይኑ ምስ እንረኽቦ፡ ሓጐስ ይስመዓና። ንኣብነት ሰሪሕና እንረኽቦ መጠን ገንዘብ ምስ ዝውስኽ፡ ሓጐስ ይፈጥረልና። እዚ ግን ግዝያዊ ሓጐስ'ዩ። ምኽንያቱ ነቲ ዘለና ደረጃ እቶት ከም መበገሲ ወሲድና ካብኡ ንላዕሊ ስለ እንጥምት። በዚ ኣገባብ ማዕረ ክንደይ ንረክብ ብዘየገድስ፡ ኩሉ ግዜ ምስ ካብ ናትና ንላዕሊ እቶት ዘለዎ ብፍላይ መወዳድርትና እናተወዳደርና ምሉእ ዕግበትን ሓጐስን ከይረኸብና ንነብር። ምውድዳርና ኩሉ ግዜ ምስ ካባና ዝሓየለ፡ ዝሃብተመ፡ ዝመልክዐ፡ ዝነፍዐ … ወዘተ ስለ ዝኾነ ኣብ ብስጭትን ሓጐስ ኣልቦ ዓለምን ንነብር። በንጻሩ እዚ ግን ምውድዳርና ብኣወንታዊ ሸነኽ ምስ ካባና ዝተሓተ ብምግባር ስምዒት ሓጐስና ክብ ከነብል ንኽእል።

ብመጽንናዕትታት ከም ዝተረጋገጸ ንሓጐስ ርኡይ ኣስተዋጽኦ ዘለዎም ረቛሒታት ኣለዉ። ካብቶም ቀንዲ፡ ጥዕና፡ ትሕዝቶን ምውቕ ዝምድናን ምጥቃስ ይከኣል። ምሉእ ጥዕና እኹል ንዋታዊ ትሕዝቶን ምውቕ ዝምድናን ሓጐስ ከም ዝፈጥሩን ዘጠራጥር ኣይኮነን። ግን ነዞም ረቛሒታት ብኸመይ ትጥቀመሎም'ዩ ወሳኒ። ንዘለዋ ቀረብ ብኣወንታዊ መዳይ ብውሕሉል ኣገባብ ምስ እትጥቀመሉ ጥራሕ'ዩ ምሉእ ሓጐስ ዝፈጥር። ነዚ ንምትግባር ወሳኒ ተራ ዝጻወት ኩነታት ኣእምሮ'ዩ። ብዘይ ቅኑዕ ስነ-ኣእምሮኣዊ ኣተሓሳስባ፡ ዝኾነ እትውንኖ ረቛሒ፡ ነባሪ ሓጐስ ክፈጥር ኣይክእልን'ዩ።

ንኣብነት ኣብ ውሽጥኻ ድጉል ጽልኢ ምስ ዝህልወካ፡ ንኩነታት ጥዕናኻ ብኣሉታ ምስ ዝጸልዎ፡ ንሓደ ካብ ቀንዲ ረቛሒታት ሓጐስካ ኣዕኒኻ ማለት'ዩ። ጽልእን ሕርቃንን ንጥዕናኻ ጥራሕ ዘይኮነ ዋላ ንንዋታዊ ትሕዝቶኻ'ውን እንተኾነ ብገዛእ ርእስኻ ከም እተዕንዎ'ዩ ዝገብረካ። ንኹነታት ዝምድናን ዕርክነትን ምስ ሕርቃንን ቁጠዐን ኣተኣሳሲርና ምስ እንምልከት'ውን፡ ኣብ እዋን ሕርቃን እቲ ዝበለጸ መቕርብ ካባኻ'ዩ ዝርሕቕ። ነዚ ኩሉ መፍትሒኡ እታ ኩነታት ኣእምሮ ምስትኽኻል እትብል ምስጢር'ያ። ኣብ ብዙሓት ብትሕዝቶ ዝማዕበላ ሃገራት፡

ኣብዚ ፈታኒ እዋን ጭንቀትና ብኸመይ ነውግድ

ሰባት ምስ ኩሉ ሃብቶም ብኣደዳ ብስጭትን ተስፋ ምቑራጽን ተኸቢቦም ግዳያት ኣዕነውቲ ወልፍታት ዝኾነ ካባኡ ሓሊፎም'ውን ነብሰ-ቅትለት ዝፍጽሙ፣ ንዋታዊ ትሕዝትኦም ሓጐስ ስለ ዘይፈጥረሎም'ዶ ይኮኑ? ስለዚ ንኹሉ ቀረባ ንንድኒ ገዲፍና ደረጃ ቅሳነታ ኣእምሮና ዝለዓለ ምስ ዝኸውን፣ ዝለዓለ ሰላም ናይ ኣእምሮ ይህልወና። ብእኡ መጠን ድማ ዝዓበየ ሕጉስ ህይወት ነሕልፍ። ሰላምን ቅሳነትን ዝሰፈኖ ኣእምሮ ክበሃል ከሎ ግን ካብ ኩሉ ነገር ነጻ ኮይንካ ዘይምሕሳብ ማለት ኣይኮነን። ሰላምን ቅሳነትን ኣእምሮ ኣብ ፍቕሪ እዩ ዝሰረተ። ፍቕሪ ንኹሉ ተደላይነት፣ ዕግበት፣ ኣድላይነት ... ወዘተ ዝሓቑፍ ቃል'ዩ። ወናኒ ቅሱን ኣእምሮ ንኽትከውን ውሽጣዊ ስነ-ስርዓት ክተማዕብል ኣለካ። ውሽጣዊ ስነ-ስርዓት ምስ እተማዕብል፣ ግዳማዊ ኩነታትካ ብዘየገድስ፣ ሕጉስ ህይወት ይህልወካ።

97 | ብሮቤል ኪዳነ

ውሽጣዊ ድልየት/ ንድየት፡

ድልየት ኣወንታውን ኣሉታውን ተባሂሉ ኣብ ክልተ ይኽፈል። ድልየት ሰላም፡ ቅሳነት፡ ምዕባለ ጠቓሚ ስለ ዝኾነ ኣወንታዊ ዓይነት ድልየት ይበሃል። ዘይምኽኒ ጸገም ዝፈጥር ድልየት ግን ኣሉታዊ'ዩ። እንነብረሉ ኣከባብን ሕብረተሰብን'ውን ንድሌታትና ኣሉታውን ኣወንታውን ይገብሮ። ንኣብነት ኣብ ማእከል ምዕቡል ሕብረተሰብ ኮይንካ ትሕዝቶ ስለ ዘለካ ንመሳለጢ መኪና ክትገዝእ ኣወንታዊ ድልየት ክኸውን ከሎ፡ እዚ ኩነታት ኣብ ውሽጢ ዘይማዕበለ ሕብረተሰብ ገጠር ኮይንካ ትሕዝቶ ስለ ዘለካ ጥራሕ ምስ እትገብሮ፡ ንመናብርትኻ ካብ ምቕናእ ጀሚሩ ክሳብ ምውድዳርን ጽልእን ዝዓቢ ሽግር ስለ ዝፈጥር፡ ድሌትካ ኣሉታዊ ይኸውን። እዚ ብመንጽር ውልቃዊ ሓጉስን ዕግበትን ክግለጽ ከሎ፡ ንተግባሪኡ ሓጉስ ዝፈጥር ክኸውን ይኽእል፡ ሓደ ድልየት ኣወንታዊ ወይ ኣሉታዊ ተባሂሉ ንኽፍለ ግን በቲ ኣብ ውልቂ ዘርእዮ ስምዒት ሓጉስ ዘይኮነ፡ ብዘኽትሎ ኣሉታዊ ወይ ኣወንታዊ ሳዕቤን'ዩ። ንኣብነት ዝኸበረ ነገር ናይ ምግዛእን ምውናንን ድሌት ጥራሕ ምስ ዝህልወካ፡ ሓደ እዋን ኣብ ደረት ናይ እትደልዮን እትምነዮን በጺሕካ ብሰንኪ ድሩት ቀረብ ክትዕገት ስለ ዝኾንካ ምስ ክውንነት ዝጻረር ስምዒት ክሓድረካ እዩ። ኣብ ከምዚ ደረጃ፡ ተስፋ ቀሪጽካ ኣብ ክትወጾ ዘይትኽእል ባሕሪ/ሰልሚ ጭንቀት ክትወሓጥ ባህርያዊ'ዩ። ስለዚ ደረት ኣልቦ ድልየት ብሰሰዐ ዝኣክል ልዕለ ትጽቢት ስለ ዝፈጥር ውጽኢቱ ብስጭት፡ ተስፋ ምቑራጽ፡ ምድንጋር ናይ ድሌትን ስምዒትን'ዩ። እቲ ዝገርም ፍሉይ ባህርይ ናይ ሰሰዐ፡ ዋላ መንቀሊኡ ሓደ ነገር ምውናን እንተኾነ፡ ብምውናን ዕግበት ዝርከቦ ኣይኮነን።በዚ ምኽንያት ደረት-ኣልቦ ጸገም የኸትል።

ሓጐስን ደስታን፡

ብህይወት ናይ ምንባር ድልት፡ ዕላምኡ ሓጉስ ንምርካብ ምዃኑ ኣብ ዝሓለፈ ክፋል ናይዚ ጽሑፍ ተመልኪትና። ምሉእ ሓጉስ ብግዳማዊ ሓይሊ ዘይኮነ ብውሽጣዊ ስነ-ስርዓት ዘልብስ ኣእምርኣዊ ኣተሓሳስባ ብምዃኑ ድማ ተረዲእና። ብዙሓት ሰባት ኣብ መንጐ ሓጉስን ደስታን ዘሎ ፍልልይ ብንጹር ዘይፈልጡ ይመስሉ። ነዚ ሓቂ'ዚ ከምዚ ዝስዕብ ሕቶ ብምሕታት እዩ ክረጋገጽ ዝኽእል። ብዙሓት ሰባት፡ “መዓስ ሓጉስ ይስምዓካ?” ኢልካ ምስ እትሓቶም፡

ኣብዚ ፈታኒ እዋን ጭንቀትና ብኸመይ ነወግድ

ዝህብዎ መልሲ "ኣብ እዋን ጾታዊ ርክብ ምስ ዘፍቅሮ ወይ ዘፍቅራ ክተሓቛቖፍ ከለኹ፡ ኣብ እዋን መስተ፡ ሳዕስዒት፡ ኣብ ውድድር ክዕወት ከለኹ፡ ገንዘብ ምስ ዝረክብ ... ወዘተ" ዝኣመሰለ መልስታት'ዮም ዝህቡ። ከምዚ ዓይነት መግለጺታት

ሓጕስ ግዝያዊ ስለ ዝኾነ፡ ነቲ ኩነታት ምስ እንለማመዶ ወይ ድማ ድሕሪ ምፍጻሙ ናብ ንቡር ህይወትና ስለ እንምለስ፡ ንምትግባሩ ወይ ድማ ምርካቡ ደስታ'ዩ ዝፈጥር። ብዙሕ ካብ ግዝያዊ ደስታ ዝፈጥር ነገራት ነባሪ ሓጕስ ዘዘርግ'ዩ። ንኣብነት ግዝያዊ ደስታ ንምርካብ ዝግበር ጾታዊ ርክብ ዘስዕቦ ሕማም፡ ጥንሲ፡ መቑጻዕቲ... ወዘተ። ኩልና ከም እንፈልጦ መዓልታዊ ህይወትና ብውሳኔታት ንኽንቀሳቐስ እዩ ዝድርተና። ውሳኔታትና ብመንጽር ሳዕቤን ዝጥመት፡ ኣብ ኣማራጺታት ዝምርኮስ ኮይኑ፡ እቲ እንወስዶ ምርጫ መብዛሕትኡ መስዋእቲ ግዝያዊ ደስታ ዝሓትት ግን ነባሪ ሓጕስ ዘምጽእ ምስ ዝኸውን ቅኑዕ ውሳኔ ንብሎ። ነዚ ሓቂ'ዚ እናፈለጥና ግጉይ ውሳኔ ንወስድ። እቲ ጸገም "ኣይፋል" ምባል ስለ ዘይንኽእል'ዩ። ኣይፋል ማለት፡ ንነገራት ምንጻግ፡ ንነብስኻ ምግታእ፡ ካብ ደስታ ምሕራም፡ ስምዒትካ ምኽሓድ፡ እንታይነትካ ምፍላጥ፡ ዓቕምኻ ምግምጋም ... ወዘተ ዝሓቁፍ ትርጉም'ዩ ዘለዎ።

ስለዚ ውሳኔ ክንውስን ከለና፡ ብዛዕባ እቲ ውሳኔ ዘድልዩ ነገር፡ ንነብስና "ሓጕስ ከምጽኣለይ ድዩ?" ኢልና ንሕተት። እዛ ቀላል ሕቶ ቅኑዕ መኣዝን ህይወት ኣብ

ምኽታል እትሕግዝ ሓያል መሳርሒት'ያ። ንመዓልታዊ ውሳኔታትናን ምርጫታትናን ብመንጽር እዛ ቀላል ሕቶ ምምላስ። ግዝያዊ ደስታ ምኽሓድ ናብ ነባሪ ሓጐስ ምጉዓዝ ይከኣል።

ሓጐስ ንምርካብ ዝግበር ምስልጣን ኣእምሮ፡

ንኩነታት ኣእምሮ ምስ ምርካብ ሓጐስ ኣተኣሳሲርና ክንዛረብ ከለና፡ ዘይከሓደ ቀንዲ ረቛሒ ንሓጐስ፡ ምምላእ ናይ መሰረታዊ ኣካላዊ ድልየት ከም መግቢ፡ መዕቆቢን ክዳንን ምዃኑ ኩልና እንፈልጦ ሓቂ'ዩ። እዞም መሰረታውያን ነገራት ምስ ዝመልኡ ግን እቲ ዝድለ ዝያዳ ገንዘብ፡ ኣድናቖት፡ ጽባቐ፡ ምሉእ መጻምድቲ ዘይኮነ፡ ነታ ዘላ ኣእምሮ ብኸመይ ንሓጐስ ትኹስኩሳ እዩ።

ብዛዕባ ኣእምሮ ክንዛረብ ከለና፡ ልክዕ ከምቲ ንዝኾነ ነገር ብኣሉታውን ብኣወንታን ዝጸሉ ብዙሕ ግዳማዊ ሓይልታት ዘለዎ'ሞ፡ ኣወንታዊ ሸነኹ ንምዕዛዝ ንሕማቕ ጽልዋ እናደገፍናን እናቐጥቀጥናን ነቲ ጽቡቕ ድማ እናኾስኮስና እነዕብዮ፡

ንኣእምሮ’ውን ብኣሉታውን ብኣወንታውን ዝጸሉ ኣተሓሳስባታትን ኣረዳድኣን ኣሎ። ነዚ ኣዝዩ ብዙሕ ንኣእምሮና ብሕማቕ ዝጸሉ ኣተሓሳስባ ኣሊና ነቲ ጽቡቕ ከነማዕብል፡ ብመጀመርያ ትምህርቲ የድልየና። ኣሉታውያን ስምዒታትን ባህርይታትን ብኸመይ ብሕማቕ ይጸልወና፡ ብኸመይ ድማ ይሃንጹና ንምፍላጥ ክንመሃር ኣለና። ልዕሊ ኹሉ ድማ ኣሉታውያን ጽልዋታት ንውልቀ ሰብ ጥራሕ ዘይኮነ፡ ንመላእ ሕብረተሰብን ንመላእ ዓለምን ከም ዝጸሉ ክንዘንግዕ የብልናን። ስምዒት ጽልኢ፡ ቅንኢ፡ ሕርቃን ዘንግስ ኣእምሮ ኣሉታዊ ኩነታት ኣለዎ ይበሃል። እዞም ዝተቐሱ ስምዒታት ናይ ኣእምሮ ቅሳነትን ሓጐስን ይዘርጉ። ነዞም ስምዒታት ኣብ ኣእምሮኻ ምምዕባል ምስ ኣከባቢኻ ግርጭት ስለ ዝፈጥረልካ ጽልኢ፡ ፍርሒ፡ ጥርጣረን ዘይምቕሳንን ኣንጊሱ ሓጐስ ይኸልእ። በንጻር’ዚ ስምዒት ለውሃት፡ ፍቕሪ፡ ምድንጋጽ ዝሓቖፈ ኣእምሮ ኣወንታዊ ኩነታት ኣለዎ ንብሎ።

ዝምድናን ቅርበትን፡

ኣብ ዝምድና ፍቕርን ምትእምማንን ዘለዎ ምቕርራብ ንኽህልወካ፡ ንሰባት ብኣወንታዊ ሸነኾም ጥራሕ ተቐበሎም። ንዝኾነ ሰብ ኣብ ኣእምሮኻ ብኣወንታዊ ጎድኑ ጥራሕ ቕረጾ። ከምዚ ዓይነት ኣተሓሳስባ ንስምዒት ተነጽሎ ኣወጊዱ ጥምረት ዝፈጥር ሓይሊ ኣለዎ። ኣወንታዊ ኮይንካ ናብ ሰብት ምቕራብ፡ ፍርሕን ምጥርጣርን ኣርሒቑ፡ ንጽህናን ምትእምማንን የንግስ። ንእትቀርቦ ሰብ ኣወንታዊ ኣተሓሳስባ ሒዝካ፡ ካብኡ’ውን ኣወንታዊ ኣቐራርባ ተጸበ። ነዚ መንፈስ እዚ ሒዝካ ምቕራብ፡ ዋላ እቲ ዝቐረብካዮ ሰብ ኣሉታዊ (ዘይተጸበኻዮ) መልሲ ይሃብካ ዝለዓለ ኢድ’ዩ ዝለካ። ምኽንያቱ ብንጽህና ቀሪብካዮ ቅንዕና ስለ ዘየርኣየ፡ ተዓጻጺፍካ፡ ኣገባብካ ቀይርካ ንኽትቀርቦ ምሉእ ዕድል ኣለካ። ከምዚ ዓይነት ኣቀራርባ ዕዉት ዝርርብ ንምክያድ ሓጋዚ ይኸውን። ብዙሓት ሰባት መዛርብቶም ብኣወንታ ጥራሕ ንኽቐርቦም ትጽቢት ስለ ዝጸንሖም፡ ከመይ ጌሩ ከምዚ ይብል? ይገብር? … ወዘተ እናበሉ፡ ክዛረቡ ይሰምዑ። እቲ ኣወንታዊ ናይ ምኳን ስጉምቲ ባዕሎም ከበግስዎን ክወስድዎን እዩ ዝግባእ።

ጽግዕተኛነትን ርእሰ ምኽኣልን፡

ኣብ ውሽጢ ነፍሲ ወከፍ ሰብ ናይ ምሉእነት ፈልሲ ኣላ። እዛ ኣብ ልብን ኣእምሮን ተሰኺዓ እትርከብ ፈልሲ ምሉእነት ንኽጥጥዕ ፍቕሪ የድልያ። ብህይወት እንነብረሉ ዕላማ ብመሰረቱ ሓጉስ ንምርካብ ካብ ኮነ'ሞ ገለ ካብ ቀንዲ ረቛሒታት ሓጉስ ድማ ምሉእ ጥዕና፡ ሃብቲ፡ ከምኡ'ውን ምውቕ ዝምድና ካብ ኮነ፡ ነዞም ነገራት እዚኦም ንምርካብ ብቐታ ኮነ ብተዘዋዋሪ መንገዲ ኣብ ካልኦት ሰባት ኢና እንምርኮስ። ስለዚ ኩሉ ሕጉስ ህይወት ንኽህልወና እንደልዮ ነገር ናይ ብዙሓት ሰባት ኣስተዋጽኦ ዝሓትት ስለ ዝኾነ፡ ንበይንና ተፈሊና ክንረኽቦ ንኽእል የለን። ሓጉስና ኣብ ምስ ሰባት ዘለና ዝምድና ዝምርኮስ ስለ ዝኾነ፡ ኣብ ዝምድና ዘዐውተና ኣተሓሳስባ ክነማዕብል ኣለና። ርእሰ-ምርኮሳ ካብ ካልኦት ተፈሊኻ ክትግበር ዝከኣል ኣይኮነን። ሓደ ሰብ "ኣነ ነብሰይ ክኢለ እየ፡ ኣብ ገዛእ ርእሰይ'የ ዝምርኮስ" ክብል ከሎ ንኹሉ ኣበርክቶ ካልኦት ኣብ ከባቢኡ ዝርከቡ ሰባት ኣብ ግምት ዘእተወ ክኸውን ኣለዎ። ንኣብነት፡ ብዛዕባ እቲ ለቢስናዮ ዘለና ክዳን እንተሓሰብና ጥራሕ እኹል ኣብነት'ዩ። ንኹሉ ኣብ ምስራሕ እቲ ክዳን ኣስተዋጽኦ ዘለዎ ብምስትንታን ምስ እንሓስብ፡ ገንዘብ ስለ ዘለና ጥራሕ ክርከብ ዝከኣል ከምዘይኮነ ክንርዳእ ንኽእል።

ናይ ደቂ-ሰብ መሰረታዊ ፍርሒ ካብ ካልኦት ተነጽሎ ንኸየጋጥሞም'ዩ። መበቆል ናይዚ ድማ ኣብ ግዜ ህጻንነት ምስ ወላዲት ኣደ ካብ ዝህሉ ጥቡቕ ቕርበት'ዩ ዝብሉ ምሁራት ስነ-ኣእምሮ ኣለዉ። ንተነጽሎ ዝፍውስ መድሃኒት ርእሰ ምርኮሳ ዝበሃል ካብ ካልኦት ተፈሊኻ ምንባር ማለት ከምዘይኮነ ብምርዳእ፡ ምስ ኣብ ከባቢና ዝርከቡ ሰባት ኣወንታዊ ዝምድናን ርክባትን ምምዕባል'ዩ። እዚ ድማ ፈቃር ኣእምሮ ሕልናን ብምውናን እዩ ዝትግበር።

ምስ ሰባት ግርጭትን ሓርፋፍ ዝምድናን ኣወጊዱ ጽቡቕ ዝምድና ንኽህልወካ፡ እንታይ ክትገብር ኣለካ ንዝብል ሕቶ፡ ሓደ ውሱን መልሲ ወይ መምርሒ የብሉን። ምስ ሰባት ምዝማድ ቀሊል ኣርእስቲ ኣይኮነን። ኣብ ፍሉይነት ባህሪ ደቂ-ሰብ ዝምርኮስ ንብዙሕ ረቛሒታት ኣብ ግምት ዘእተወ'ዩ። ልዕሊ ኩሉ ግን ነታ እትውንና ኣእምሮ ምስ ሰባት ብኣወንታ ንኽትቀርብ ምድላው'ዩ። ምድላው ክበሃል ከሎ ብትምህርቲ ዝምዕብል ናይ ኣተሓሳስባ ለውጢ ምምጻእ ማለት'ዩ።

- ርክባት ኣብ ምምስራት፡ ሓደ ውልቀ-ሰብ ንኻልኦት ንሱ ኾይኑ ክቐርቦም ኣለዎ። ልክዕ ከምኡ ሓጐስ ንምርካብ ዝነብሩ ምኳኖም ኣሚኑ ከም ሰባት መጠን፡ ሕብሮም፡ መንነቶም፡ እምነቶም... ወዘተ ብዘየገድስ፡ ነቲ መሰረታዊ ብሓባር ምስኦም ዝጠምሮ ነገር ቅድም ሰሪዑ ክራኸብ ኣለዎ።

- ዝምድና ብዙሕ'ዩ ዓይነቱ። ንፍቕራዊ ዝምድና ብዝምልከት ኣብ ክልተ ተኸፊሉ ክረአ ይከኣል። እቲ ሓደ ዓይነት ኣብ ዝና፡ ሃብትን ስልጣንን ዝተሰረተ ኮይኑ፡ ዕድሚኡ ክሳብ እቲ ጠማሪ ረቛሒ ማለት ሃብቲ፡ ዝና፡ ስልጣን ዝጸንሕ'ዩ። እቲ ረቛሒ ምስ ዘብቅዕ፡ እቲ ፍቕራዊ ህይወት'ውን የብቅዕ። ዝምድና ድማ ይብተኽ። እቲ ካልኣይ ዓይነት ዝምድና ማለት ፍቕሪ ኣብ እንታይነት ናይ ተፋቐርቲ ማለት ሰብኣውነቶም ዝምሰረት ኮይኑ ምስ ግዜን ኩነታትን ዘይልወጥ ሓቐኛ ፍቕሪ'ዩ።

ሻምናይ ምዕራፍ
ሃናጺ ምኽሪ

ኣይፋል ንምምላስ ተመሃር

ጭንቂ፡ ጸቅጢ፡ ናይ ግድን. . . ዝብል ወልፊ ክትቅንሶ ወይ ክተቋርጾ ሓንቲ ዝበለጸት ኣማራጺ ኣይፋል ንገዛእ ርእስኻ ክትብል ምኽኣል እዩ።

ኣይፋል ንገዛእ ርእስና ንክንብላ ቀዳምነት ነንዝመጸ ሓሳብ ኣይንእመኖ። ስለምንታይ ናይ ግድን ክገብሮ ኣለኒ፡ ኽውድኦ ኣለኒ፡ ሞት ይሓይሽ . . . ወዘተ እንዳበልና ሰኣን ንገዛእ ርእስና ኣይፋል ምባል ኣብ ሕማቕ እንወድቕ ብዙሓት ኢና። ኣስተውዕል እዚ ሓንጎል ንዓኻ ተዋሂቡ ክትጥቀመሉ፡ ከምቲ ማርቴሎ፡ ቢንን፡ቢር. . . ወዘተ መሳርሒዮም ክንደልዮም ከለና ከምቲ ንደልዮ ጌርና ንጥቀመሎም። ንሶም እቶም መሳርሒ ኣይመልከሩናን፡ ኣይጥቀሙልናን። ኣተሓሳሰባ'ውን ናትና ስለዝኾኑ መሪጽና ንጥቐመሉ። እዚ ጥበብ እዚ ወልፊ ናይ ኣፋል ምባል ንኽንቋርጾ ኣገዳሲ መሰረት'ዩ።

ንነብስኻ ግዜ ምሃብ

ነብስኻ መን ኣለዋ ድዩ ካብ ገዛእ ርእስኻ ንላዕሊ፡ ተወሊድና ኣብዛ ዓለም ክሳብ ዝሃለና ክትሕጎስ፡ ክትጉሂ፡ ክትበኪ፡ ክትስሕቕ፡ ኣብ ሆስቢታል፡ ኣብ ቤት ማእሰርቲ፡ ኣብ ስደት፡ ኣብ መከራ. . . ወዘተ ምሳና መካፍልቲ ጸገምና ቅድሚ ኩሉ ሰብ ኣለኹ ትብለና ሰውነትና እኮ ኢያ፡ ኣይንጥለማ። መኪናና፡ ኮምፒተርና፡ ገዛና ንከናኽን። ንኣዝማድና፡ የዕሩኽትና፡ ወለድና፡ ጎረቤትና ብጠቕላላ ንኻልኦት ንዛረቦም ቓላት መሪጽና ንዛረብ። ንገዛእ ርእስና'ከ እንታይ ንብላ? ጋሻ ኣብ ቤትና ኣብ ዝመጸሉ ልዕሊ ነቲ ንገዛእ ርእስና ክንገብሮ ዝግበኣና ንከናኸና፡

ከምኡ'ውን ግዳማዊ ክፋላት ኣካላትና ንክናኸና፣ ንለብሶ ክዳንና ኮነ ጸግሩና'ውን ብጽርየት ንሕዞ ውሽጥና'ከ? በጃኹም ክይጠልመና ንክናኸና። ከምቲ ግራት እንተተኸናኺንካዮ ጽቡቕ ፍረ ዝህበካ፣ ሰውነትና ውን ከምኡ'ያ።

ካብዚ ቀጺልና ንነብስኻ ግዜ ንምሃብ ክትወስዶም ዘለካ ስጉምትታት ክንጠቅስ ኢና።

1. ትደልዮን ዘድልየካን ፈላልዮ፦ መብዝሓቲኡ ሰብ ሰኣን ምፍላጥ ንገዛእ ርእሱ ማለት ንጥዕናኡ፣ ንሰውነቱ ዘድልዮ ገዲፋ፣ ካልኦት ሰባት ንኸርእይሉ ንብረትን ሸምን ከጥሪ ላዕልን ታሕትን ይብል። ስለዚ ግዜ ሃባ፣ ንመን? ንገዛእ ርእስኻ። ኣብ ትደልዮ ዘይኮነስ ኣብ ዘድልየካ ኣድህብ።

2. ግዜ ንገዛእ ርእስኻ ሃባ፦ ሰብ ስሱዕ፣ ፈታዊ ነብሱ ክይብለኒ ዝብል ናይ ውሽጢ ወቓሳ ኣወግድ። ንካልእ ሰብ ክይጎዳኣካን ክይተበለጸልካን ንገዛእ ርእስኻ ምፍታውን ምክንኻንን ንዓኻ ኮንካ ንኻልኦት ክትከውን የብቅዓካ እዩ።

3. ግዜ ንገዛእ ርእስኻ ንምሃብ ኣገዳስን - ዘህውኽን ፈላልዮ። መብዛሕቲኡ ነብሱ ዝጎድእ; ናይ ካልኦት ህጹጽ ጉዳያት ክትሕግዝ ነታ ኣገዳሲት ገዛእ ርእሱ ይርስዓ ዝግባእ ድቃስ፡ መግቢ ኮነ ዕረፍቲ ኣይረክብን። ጭንቂ ናይ ካልኦት ሰባት ወሲኹ መዓልቱ የሕጽል፡ ዝተፈላለዩ ሕማማት ይሓምም'ሞ ኣብ ንእሽተይ ዕድሚኡ ካብዛ ዓለም ይፍለ።

ግዜ ንገዝእ ርእስኻ ንምሃብ፡ ተሌፎንካ ዓጺኻ ኣብ ተዕርፎሉ ቦታ ማሳጅ፡ መዲተሽን ብምግባር ንገዛእ ርእስኻ ከተህድእን ዕረፍቲ ክትህባ ወስን።

ቀይሕ መስመር ኣቐምጥ። ንገዛእ ርእስኻ ዝጎድኡ ተግባራት ካብ ምግባር ተቖጠብ። ን ኣብ ከባቢኻ ዘለዉ እውን ንኣብነት ደቅኻ፡ በዓል ቤትካ፡ ኣዝማድካ፡ ጎረባብትካ፡ መሳርሕትኻ . . . ወዘተ ኣብነት ኩን፡ ከምኡ ውን ቀይሕ መስመር እንተ ዘይኣቀሚጥካ፡ በቲ ለውሃትካ ክጥቐሙልካ ወይ ውን ክጎድእኻ ይኽእሉ ኢዮም። ብሩኽ እዩ፡ ለዋህ እዩ፡ ንኹሉ ሕራይ እዩ ዝብል . . . , ወዘተ ብምባል። ስለዚ ቀይሕ መስመር ኣቐምጥ፡ መኽንያቱ ሰባት ኣባኻ ዝወሰድዎ ስጉምቲ በቲ ንስኻ እተርእዮን እትብሎን እዩ ዝሙርኮስ።

ከምቲ ቀጸራ ጌርካ ንሰባት ትረኽቦም፡ ኣብ ጽቡቕ ቦታ፡ ንገዛእ ርእስኻ ቀጸራ ጌርካ ግዜ ሃባ፡ ኣዕልላ፡ ኣድንቃ፡ ስምዓያ። ካባኻ ዝቐርብ ወላ ሓደ የብላን።

ለበዋ

ንገዛእ ርእሰ'ኻ ኣይተሕሰም፡ ኣይትሰውኣያ
ዓቐኑ ዝሓለፎ ኣይተወፍያ
ዝተባላሸወ ፡ ዝደ'ኸመ
ተመሊሱ ዝህቦ ስለዘይብሉ
ዋላ እቶም ዝፈትውኻ
የፍቅሩንዮም ትብሎም
'ኸጠልሙኻ'ዮም
እዚ ሰኣን ምፍላጥ
ብዙሓት ተደርበዩ ዝተጓሕፉ
ኣለዉ'ሞ።
መሳሊ እምበር መመሰሊ ከይትኸውን
ሓደራ።

Don't Give up

መኽንያቱ ሓደ መዓልቲ ንድሕሪት
ተመሊስካ ምስ ተዓዘብካ
ተስፋ ብዘይምቁራጽካ ከሐጉሰካ ስለ ዝኾነ።

Made in the USA
Middletown, DE
15 August 2022

71439265R00068